---

*Fashion for Women.
Not Girls.*

SUSANNE ACKSTALLER

DIE BESTE ZEIT FÜR GUTEN STIL

MIT FOTOGRAFIEN VON MARTINA KLEIN
mit Illustrationen von Veronika Gruhl

KNESEBECK

VORWORT
Seite 6

WAS IST EIGENTLICH GUTER STIL
Seite 8

—— PORTRÄTS ——

ANNETTE BOPP
Seite 26

CHRISTINE MORTAG
Seite 106

SUSANNE GUNDLACH
Seite 36

CAROLA NIEMANN
Seite 116

CLAUDIA BRAUNSTEIN
Seite 50

ETELKA KOVACS-KOLLER
Seite 130

BIBI HORST
Seite 64

MEL BUML
Seite 144

STEPHANIE GRUPE
Seite 78

DAGMAR DA SILVEIRA MACÊDO
Seite 158

MIRJAM SMEND
Seite 92

—— STYLEGUIDE ——

DIE WEISSE BLUSE – 22
DAS STREIFENSHIRT – 74
DAS NICKITUCH – 126
DIE JEANS – 32
DER TRENCHCOAT – 84
DER TÜLLROCK – 136
DER ROTE LIPPENSTIFT – 42
DIE JEANSJACKE – 88
DER ROTE BH – 140
DIE SNEAKERS – 46
DIE UMHÄNGETASCHE – 98
DAS TWINSET – 150
DER ARAN-PULLOVER – 56
DIE GLITZERSCHUHE – 102
DIE BALLERINAS – 154
DAS WEISSE T-SHIRT – 60
DAS KLEINE SCHWARZE – 112
DAS BARETT – 164
DIE SONNENBRILLE – 70
DIE AUGENBRAUEN – 122

LASSEN SIE SICH INSPIRIEREN
Seite 170

Meiner Oma.
Als Schneiderin war sie die erste
»Modefrau« in meinem Leben.

Vorwort

Ich kann mich noch genau an den Moment erinnern, als ich die Mail mit dem Betreff »Anfrage Stilguide Ü50« in meinem Postfach vorfand. Ich war gerade auf Zypern und saß nach getaner Arbeit (ich besuchte dort einen Schreibworkshop) mit einem Glas zypriotischem Rosé auf der Terrasse des kleinen Strandhotels.

Setzte mein Herzschlag für einen Moment aus, als ich die Nachricht öffnete? Bestimmt! Ich war unglaublich geflasht, geehrt, beglückt angesichts der Anfrage, ob ich nicht Lust darauf hätte, einen Stilratgeber für Frauen in meinem Alter zu schreiben ... unglaublich, denn das stand schon lange auf meiner Bucket List! Andererseits: Was verstand ich schon von Stil und Mode?! Ich hatte doch keinerlei Kompetenzen und Referenzen vorzuweisen, nur den Berufswunsch Modedesignerin nach dem Abitur (und dann hatte ich doch BWL studiert) und mein Lifestyle-Blog *Texterella*. Weder war ich Chef-Redakteurin eines Modemagazins noch Modejournalistin noch Stylistin. Sicher ging es in meinem Leben auch ganz viel um Mode, aber ... Aber. Meine Gedanken wirbelten durcheinander. Würde ich das können? Einen Stilguide schreiben? Ich war doch eher ein modischer Freigeist, der sich weder groß für die aktuellen Trends interessierte noch sich an irgendwelche Stilregeln hielt. Und auch nicht halten wollte. Mode, das war für mich Freude an Farben, Schnitten, Materialien. An Looks, die meine Persönlichkeit ausdrückten und ab und zu auch etwas verwegen ausfallen durften. Mode stand für Spaß, gute Laune, Lebensfreude. Ich trug, wozu ich Lust hatte. *Das* war mein Maßstab. Und ist es noch.

Ich habe es trotzdem gewagt. Die Idee, ein Buch über meine Vorstellung von gutem Stil zu schreiben, war einfach zu verführerisch. Zumal es für eine etwas ältere Zielgruppe so etwas bislang noch nicht gibt.

Ein klassischer Ratgeber ist das Buch allerdings nicht geworden, mehr die Einladung zum Ausprobieren. Es soll Ihnen Mut machen, Ihren eigenen Weg zu gehen, sich modisch neu zu entdecken. Und festzustellen: Jetzt ist die beste Zeit für guten Stil. Die Lektüre soll Sie inspirieren und Ihnen vor allem ganz viel Freude bereiten. Wenn Sie beim Lesen ab und zu nicken, lachen oder schmunzeln, freue ich mich. Und noch mehr, falls Sie zwischendrin aufspringen, Ihren Schrank nach einem bestimmten Kleidungsstück oder Accessoire durchwühlen (»Irgendwo muss das doch noch sein ...!«). Dieses Buch soll Sie nicht mit der (vermeintlich) richtigen Rocklänge, idealen Schnittführungen und optimalen Proportionen verunsichern, sondern Ihnen Lust auf eine modische Reise zu sich selbst machen. Betrachten Sie meine Ideen ausdrücklich nicht als Ratschläge oder gar Regeln, sondern als Möglichkeiten, die Sie ganz nach Lust und Laune interpretieren dürfen. Nichts muss, alles kann.

Viel Freude auf Ihrer stilistischen Entdeckungsreise wünscht Ihnen

Ihre Susanne Ackstaller

PS: In diesem Buch wird die weibliche Form verwendet, mit der alle Geschlechter gemeint werden.

Das Leben ist ein Fest – in jedem Alter!

Susanne Ackstaller

EINFÜHRUNG

Guter Stil – was ist das überhaupt?

Katherine Hepburn, Marlene Dietrich, Greta Garbo, Audrey Hepburn hatten ihn, Jacqueline Kennedy und Grace Kelly auch. Später dann Veruschka von Lehndorff, Inès de la Fressange, Meryl Streep, Helen Mirren und Michelle Obama. Und natürlich noch viele andere Frauen, zum Beispiel auch die, die in diesem Buch porträtiert werden. Sie alle haben diesen ›guten Stil‹, für den es keine klar definierten Kriterien gibt. Es ist weniger eine mathematische Gleichung als das Empfinden, dass an einer Frau einfach ›alles stimmt‹ – von der Frisur über die Kleidung bis hin zur Haltung. Und schon gar nicht gilt die Formel *Trend x Geldbeutel = guter Stil*! Letzterer ist immer sehr individuell, sehr persönlich. Was an der einen toll und stilvoll aussieht, kann an der anderen einfach unpassend, langweilig oder übertrieben wirken.

Dieses Buch möchte Sie auf dem Weg zu Ihrem guten Stil ein Stück weit begleiten – durch Interviews und Porträts mit elf interessanten Frauen, die jede ihren ganz eigenen guten Stil leben und pflegen. Und durch die Vorstellung meiner liebsten Key Pieces, die ich mir auch in Ihrem Kleiderschrank vorstellen könnte.

WAS ALSO MACHT GUTEN STIL AUS?

Eine Frau, die Stil hat, fühlt sich wohl in der Kleidung, die sie trägt. Es gibt keine Störfaktoren, es passt einfach alles. Sie strahlt und weiß: Ich bin schön! Sie lächelt in die Welt hinaus und die Welt lächelt zurück. Da gibt es keine Unsicherheit, keinen fünften Blick in den Spiegel, bevor sie das Haus verlässt. Sie steht da – stolz und aufgerichtet, wie eine Königin. Wenn Sie sich rundum wohlfühlen, können Sie sicher sein: Das ist Ihr Stil. Und er ist perfekt. Fahren Sie also Ihre Antennen aus. Sie werden intuitiv spüren, was zu Ihnen passt.

Kleidung muss zum Lebensstil passen.
Eine Frau, die als Stylistin arbeitet, hat andere Kleider im Schrank als eine Vorstandsassistentin. Wer viel reisen muss, zieht sich anders an als eine Frau im Homeoffice. Das heißt nicht, dass Sie nie etwas anderes ausprobieren sollen – im Gegenteil! Aber Stil, der sich für Sie im Alltag bewähren soll, muss in Ihr Leben passen. Sonst funktioniert er auf Dauer nicht.

Gute Laune ist ein guter Ratgeber. Kleidung mag in den Urzeiten der Menschheit erfunden worden sein, um zu schützen und warm zu halten. Ausgrabungen aber belegen: Schon in der Frühzeit unserer Geschichte hatte das, was wir an unserem Körper trugen, auch etwas Spielerisches, etwas, das Freude machte. So entdeckten Forscher wunderhübsche aufgefädelte Muschelketten, die rund 75.000 Jahre alt waren. Welche Steinzeitfrau sie wohl einmal getragen hat? Nach vielen Jahrhunderten, in denen Mode reglementiert und Frauen ihre Kleidung diktiert wurde, können wir heute selbst entscheiden, was wir tragen und wie. Wir dürfen – nein, wir sollten – unsere Kleidung danach aussuchen, was unser Auge und Herz erfreut und was uns zum Lächeln bringt, kurzum: was Spaß macht.

Was man trägt, muss passen. Wer schon einmal einen Nachmittag oder Abend in einem Kleidungsstück verbracht hat, das nicht optimal sitzt (und wem wäre das nicht schon mal so ergangen), weiß: Kleidung, in der wir uns nicht frei bewegen, in der wir nicht gut stehen oder bequem sitzen können oder womöglich kaum Luft kriegen, kann nicht mit gutem Stil einhergehen. Guter Stil bedeutet immer auch, dass die Kleidung optimal zum Körper passt. Dass der Schnitt sitzt, nichts zwickt, rutscht, Falten wirft oder uns den Atem raubt. Eigentlich logisch, oder? Dass wir dennoch immer wieder Schuhe kaufen, die drücken … ach, lassen wir das!

Stil ist keine Frage des Geldbeutels. Eine Freundin kauft ihre Garderobe fast ausschließlich auf Flohmärkten. Sicher, sie hat ein Händchen dafür und findet auch im schmuddeligsten Kleiderhaufen den Mantel von Yves Saint Laurent, die Tasche von Prada oder die Pumps

---

Guten Stil kann man überall finden, auch bei Oxfam und im Sozialkaufhaus!

---

von Ferragamo. Aber selbst wenn man dieses Talent nicht hat oder Sachen lieber neu als gebraucht kauft, kann man sich gut einkleiden, ohne ein Vermögen auszugeben. Die Mischung macht's: aus einigen besonderen, vielleicht auch hochpreisigen Teilen und anderen, die man günstiger erstanden hat. Wichtig ist: Augen auf und offen sein. Guten Stil kann man überall finden, nicht nur in teuren Boutiquen, sondern auch bei Oxfam und im Sozialkaufhaus.

Guter Stil zeigt Haltung. Erinnern Sie sich noch an Ihre Mutter, die Sie ermahnte, gerade zu stehen (»Bauch rein, Brust raus!«)? Genau das! Guter Stil zeigt Haltung. Denken Sie einfach an das Krönchen auf Ihrem Kopf: Spüren Sie, wie sich Ihre Körperhaltung strafft, Ihre Schultern nicht mehr nach vorne hängen und Ihr Hals ein bisschen länger wird? Bleiben Sie so, denn das ist die richtige Haltung für richtig guten Stil!

Erst ein Lächeln oder Lachen macht den Look perfekt! Ja, ich bin fest davon überzeugt: Gut angezogen zu sein wird erst dann zum guten Stil, wenn Kleidung mit Lebensfreude getragen wird. Ansonsten ist sie nur eine Hülle. Guter Stil hat daher auch viel mit Zufriedenheit, Glück, Dankbarkeit und Selbstliebe zu tun.

Guter Stil – das bedeutet also: Wir fühlen uns wohl in unserer Haut. Wir strahlen innerlich und äußerlich und fühlen uns stark, attraktiv, schön. Welche Kleidung dieses Gefühl bei Ihnen auslöst, können nur Sie selbst wissen und erspüren. Stilberaterinnen, gute Freundinnen oder auch Bücher über den ›perfekten Stil‹ können Sie begleiten und Anregungen geben – aber letztlich muss dieses Gefühl aus Ihnen selbst kommen. Sie müssen Ihren Stil erspüren – und das werden Sie auch, sobald Sie ihn gefunden haben.

> *Viele Frauen finden ihren eigenen Stil erst in der Lebensphase, in der sie sich auch als Mensch und Persönlichkeit ›gefunden‹ haben.*

IHR EIGENER STIL UND WIE SIE IHN FINDEN KÖNNEN

Manche Frauen haben ein intuitives Gespür für Stil. Dass das aber eher die Ausnahme als die Regel ist, sieht man sofort, wenn man einen Stadtbummel macht. Angezogen sind natürlich alle Frauen, manche sogar modisch und nach den neuesten Trends – aber wie oft bleibt unser Blick wirklich an einer Frau hängen, wie oft rufen wir ihr in Gedanken ein Wow hinterher? Selten genug. Der Punkt ist: Kleidung, selbst wenn sie gut abgestimmt ist und perfekt zusammenpasst, macht noch keinen Stil. Trendy und up to date unterwegs zu sein ebenso wenig.

Aber wie findet man ihn dann, den eigenen Stil? Tatsächlich hat die Suche sehr viel mit Selbstfindung zu tun – weshalb viele Frauen ihren eigenen Stil erst in der Lebensphase entwickeln, in der sie sich auch als Mensch und Persönlichkeit ›gefunden‹ haben. Und das ist oft

Einführung — Guter Stil – was ist das überhaupt?

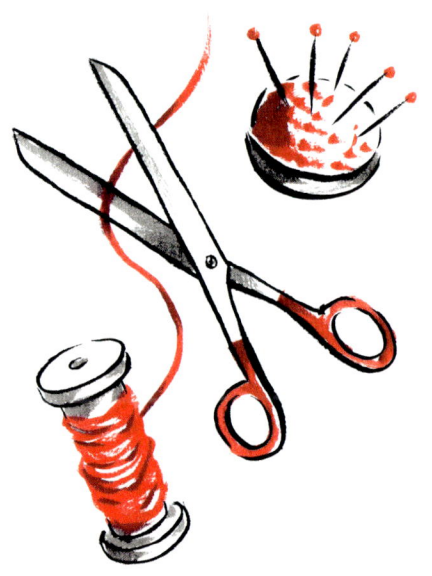

erst zwischen 40 und 50 der Fall. Dann wissen wir, wer wir wirklich sind, was wir mögen, was uns gefällt und was nicht. Und wir sind selbstbewusst genug, das auch durch unseren Kleidungsstil auszudrücken.

Es kann aber auch andersherum funktionieren: Dass Sie sich mit der Suche nach dem eigenen Stil selbst besser kennenlernen. Vielleicht erkennen Sie auf dem Weg, wer Sie sind und was Sie vom Leben wollen und erwarten. Im Idealfall gelingt beides: Sie haben sich durch die Suche nach Ihrem Stil selbst erfahren und gleichzeitig eine Garderobe erarbeitet, die für Sie nicht nur funktioniert, sondern Ihr Wesen zum Strahlen bringt.

ZUM BEISPIEL: MEIN WEG ZU MEINEM STIL

Meine Oma war Schneiderin. Noch heute sehe ich sie vor mir: auf einem kleinen Schemel sitzend oder auf dem Boden kniend, ein paar Stecknadeln zwischen den Lippen oder in einem Nadelkissen am Handgelenk. Ich trug ein halb fertiges Sommerkleid mit großen roten Blumen und immer noch klingt mir ihre Stimme mit dem böhmischen Akzent in den Ohren, ich möge doch bitte, bitte, bitte endlich stillstehen, damit sie die Länge abstecken könne. Aber für ein kleines Mädchen wie mich war es nun mal schwer, stillzuhalten, wo doch meine Freundinnen schon an der Tür geklingelt hatten und unten auf der Straße spielten. Ich wollte nichts anderes mehr als endlich los …

Dank meiner Oma war ich schon als Dreikäsehoch immer ein bisschen anders angezogen als andere Kinder. Die trugen Jeans, ich selbst genähte Stoffhosen. Die anderen hatten Anoraks an, ich eine Jacke aus Wollstoff. Unvergessen mein Kommunionkleid im Etui-Stil aus cremefarbener Seide, in dem ich inmitten der Schar schneeweißer Petticoat-Prinzessinnen aussah wie eine Exotin. Später, im Gymnasium, liefen meine Klassenkameradinnen in angesagten Marken herum, ich dagegen wurde weiterhin mit Burda-Moden ausstaffiert. Wie sehr hätte ich mir damals gewünscht, meine Mutter würde mit mir shoppen gehen! Sicher, zum Geburtstag gab es ein heiß ersehntes Sweatshirt, oder ich kaufte mir vom angesparten Taschengeld eines jener Teile, die man haben musste, um dazuzugehören. Nicht dass ich mich als Außenseiterin gefühlt hätte, aber ein bisschen anders war ich schon. Nicht nur, aber auch wegen meiner Kleidung.

Als Studentin fing ich dann allerdings an, diesen etwas anderen Stil zu kultivieren. Ich liebte auffällige Muster, intensive Farben, ungewöhnliche Accessoires. Nie ging es mir darum, das zu tragen, was gerade angesagt und in Mode war, sondern eher das Ausgefallene, Einzigartige, Besondere. Das konnte ein knalllila Strickkleid sein (das ich auf einer Maschine selbst gestrickt hatte), ein weit schwingender Flamenco-Rock oder Schuhe mit silbernen Flügelchen an der Seite (in meiner Größe gerade nicht vorrätig, extra für mich bestellt – und dann doch zu klein. Ich quetschte meine Füße trotzdem hinein).

Mit dem Eintritt ins Berufsleben wurde ich sehr viel braver: Ich trug klassische Kostüme und weiße Blusen und klapperte mit halbhohen schwarzen Pumps durch die Gänge des Automobilunternehmens, in dem ich angestellt war. Dazu ein wunderschönes und sündhaft teures Hermès-Tuch, das mein Mann mir zu meinem 30. Geburtstag geschenkt hatte. Das verschwand dann allerdings auf Jahre in der Schublade, als ich in meinen 30ern drei Kindern bekam. Meine ›beigeste‹ Zeit. Die Kleidung musste praktisch und unkompliziert sein. Und waschbar! Zwar blieb ich berufstätig – im Homeoffice. Und wer sah mich da schon, in Jeans, Schlabbershirts und Schlappen, außer mir und meiner Brut? Manchmal denke ich etwas verwundert an diese Zeit zurück – war das wirklich ich, dieses geradezu unscheinbare Geschöpf?

Erst mit Mitte 40, als die Kinder heranwuchsen und ihre dreckigen Hände und Münder nicht mehr an mir und meinen Klamotten abstreiften, entdeckte ich mich als modebewusstes Wesen wieder. Ich wollte nicht mehr nur Mutter und Ehefrau – ich wollte auch wieder *ich* sein! Etwa zeitgleich startete ich meinen Mode-Blog *Texterella*, um neben den Wirtschaftsthemen, die mein Hauptberuf waren, auch über die schönen und leichten Dinge des Lebens zu schreiben. Das war von Vorteil, denn dadurch beschäftigte ich mich ausgiebig mit Mode, Stil und Trends. Und spürte: Im Herzen war ich immer noch die junge Frau, die gerne auffiel und – in ihre modischen Eskapaden gekleidet – den Hörsaal nicht von oben, sondern unten betrat, damit jeder sie sah (so erzählt es zumindest mein Mann). Trends waren mir (und sind es bis

WAS ICH AUF MEINEM WEG GELERNT HABE

Kleidung ist etwas Wertvolles
Als Kind und Jugendliche habe ich hautnah miterlebt, wie aufwendig es ist, ein Kleidungsstück anzufertigen. Ich habe nie vergessen, wie viel Vorbereitung, Nachdenken und Arbeitsschritte nötig waren, bis ich ein Kleid auf einer Sommerparty tragen konnte. Oder eine Jacke zum Stadtbummel. Meine Oma saß bei Saisonwechsel oft tagelang an ihrer Singer-Nähmaschine (keine elektrische, sondern mit einer Fußplatte zum Treten!), bis meine Mutter und ich ausgestattet waren. Auch wenn ich mittlerweile meine Kleidung schon lange in Geschäften kaufe und nur ganz wenige maßgeschneiderte Stücke besitze, so weiß ich doch, wie viel Arbeit darin steckt. Und dass es Menschen sind, die sie für uns nähen.

Kleidung hat unsere Wertschätzung verdient, bei der Auswahl, bei der Pflege, beim (möglichst langen) Tragen.

Qualität geht vor Quantität
Selbst als Jugendliche konnte ich den Unterschied erkennen – zwischen der Qualität gekaufter Kleidung und der aus Omas Schneiderinnenstube. Bei der gekauften riss der Knopf oft schon beim ersten Tragen ab und der Stoff war nach einigen Wäschen labberig. Selbst genähte Kleidung hingegen wurde noch vielfach weitergegeben, weil sie einfach nicht kaputtzukriegen war. Bis heute kaufe ich deshalb lieber ein hochwertiges, teures Teil als zwei billige, trage es entsprechend lange und gebe es weiter, wenn es mir nicht mehr gefällt oder nicht mehr passt.

Jede Frau ist einzigartig
Gott sei Dank leben wir heute in einer Welt, in der wir (weitgehend) so sein dürfen, wie wir sind oder sein wollen. Die Zeiten des Einheitslooks und abstruser Stilregeln, was Frauen ab 40 oder 50 dürfen und was nicht, sind vorbei. Die Welt ist bunt, und so auch die Mode. Wir können aus dem Vollen schöpfen. Die richtige Zeit dafür ist jetzt: Jetzt sind wir im richtigen Alter. Jetzt haben wir das Selbstbewusstsein, ganz wir selbst zu sein. Jetzt. Nicht gestern. Nicht morgen. Jetzt.

heute) nicht wichtig – etwas Besonderes und Einmaliges zu tragen aber schon. Lieber schlage ich ein wenig über die Stränge (wie mit meiner Bommelmütze à la Schwarzwaldmädel) – selbst wenn ich dann den Blicken meiner Kinder ansehe, dass es ihnen lieber wäre, ich würde die Straßenseite wechseln –, als ein farbloses, unauffälliges Etwas zu sein.

Heute bin ich modisch experimentierfreudiger und mutiger denn je. Was andere Menschen dazu sagen? Egal. Ich muss niemandem mehr etwas beweisen und nur mir selbst gefallen. Auch deshalb habe ich dieses Buch geschrieben: um anderen Frauen zu zeigen, dass wir auch mit 50, 60, 70 und mehr Jahren Spaß an Mode, Freude an schöner Kleidung und Lust auf guten Stil haben dürfen.

WIE GUTER STIL GELINGEN KANN – EINIGE ANREGUNGEN UND DENKANSTÖSSE

Seien Sie mutig. Wer sich verändern will, muss seine Komfortzone verlassen. Das gilt für sehr viele Lebensbereiche – auch für die Mode. Und ja, es gehört Mut dazu, etwas Neues auszuprobieren und Altes hinter sich zu lassen. Was wird der Mann dazu sagen, die beste Freundin, die Schwiegermutter? Die gute Nachricht: Niemand muss sich gleich in eine Vivienne Westwood verwandeln. Wir können kleine Schritte gehen. Babyschritte. Eine gewagte Farbkombination, eine ungewohnte Kleider- oder Rocklänge. Vielleicht möchten Sie, die bekennende Sneakers-Trägerin, ja auch mal Pumps oder High Heels ausprobieren? Niemand muss seine Garderobe von heute auf morgen komplett umkrempeln. Man kann es auch langsam angehen, peu à peu, im eigenen Tempo. Dann kann sich die Schwiegermutter ebenso langsam daran gewöhnen.

> *Ich muss niemandem mehr etwas beweisen und nur mir selbst gefallen.*

Ersticken Sie nicht in Routine. Wir alle haben unsere Gewohnheiten. Zum Frühstück gibt es eine Scheibe Brot mit Honig oder auch nur einen Kaffee. Morgens steigen wir immer in den gleichen Bus, um zur Arbeit zu fahren. Mittwochs geht es zum Sport. Immer Pilates. Solche Routinen machen das Leben einfacher – aber um welchen Preis? Vielleicht würde uns ja ein Bircher Müsli zum Frühstück noch viel besser schmecken und mehr Energie für den Tag schenken? Vielleicht würden wir mit einer anderen Verkehrsverbindung oder mit dem Rad unsere Stadt neu entdecken? Und vielleicht würde uns Spinning am Donnerstag oder Zumba am Freitag viel mehr Spaß machen? In puncto Stil und Mode ist es nicht anders: Ich zum Beispiel glaubte jahrzehntelang, Gelb sei überhaupt nicht meine Farbe – bis ich eines Tages eine gelbe Bluse anprobierte (weil ich den Schnitt so fabelhaft fand) und sie nie wieder ausziehen wollte. Einer meiner Lieblingssprüche gilt auch für Mode: »Glauben Sie nicht alles, was Sie denken!« Probieren Sie sich aus – mit den unterschiedlichsten Schnitten, Farben, Stilrichtungen. Auch solchen, von denen Sie überzeugt sind, dass Sie sie ganz sicher nicht tragen können. Überraschen Sie sich selbst und seien Sie gespannt, was Ihr Spiegelbild dazu sagt.

Schlagen Sie über die Stränge. Frauen ab 50 wird ja gerne nachgesagt, sie würden langsam unsichtbar. Das ist natürlich Unsinn. Männern passiert das interessanterweise nicht, die bekommen in diesem Alter höchst attraktive graue Schläfen ... Trotzdem stelle ich fest, dass viele Frauen mit steigendem Alter dazu tendieren, ein wenig dezenter und unauffälliger unterwegs zu sein und das modische Feld anderen, Jüngeren zu überlassen. Gleichzeitig wird Iris Apfel als schrille Mode-Ikone gefeiert, weil sie aufs Alter (sie ist 99) und jegliche Konventionen pfeift. Das Wort ›Ikone‹ bedeutet übrigens nichts anderes, als dass eine Person ein bestimmtes Lebensgefühl, eigene Vorstellungen und Werte verkörpert. Warum werden wir also nicht selbst zur Ikone? Ein Paar richtig coole Schuhe, ein extravaganter Hut oder eine auffällige Tasche können schon reichen, um aus einem schlichten Look etwas Besonderes zu machen. Ich habe zum Beispiel rote kniehohe Stiefel, die selbst das langweiligste Outfit zu einem Highlight machen. Auch (Mode-)Schmuck kann gut funktionieren, schöpfen Sie ruhig aus dem Vollen! Ähnliches gilt für Farben: Ein schlichter Schnitt wird durch eine interessante Farbkombination zum echten Hingucker. Umgekehrt passt es aber auch: eine ausgefallene Schnittführung in minimalistischen Tönen – einfach großartig. Wichtig: Konzentrieren Sie sich auf ein oder maximal zwei Highlights, die dürfen aber richtig knallen! Und wenn Sie doch mal einen Tick zu sehr über die Stränge schlagen (wie ich mit meiner geradezu legendären Schwarzwaldmädelbommelmütze): So what? Es geht nicht darum, die Welt zu retten oder zum Mars zu fliegen. It's just fashion! It's fun!

Unterscheiden Sie sich. Ich schrieb es bereits: Guter Stil ist persönlich, individuell, besonders. Anders. Was das konkret heißt? Kümmern Sie sich nicht um Trends! Natürlich werden wir alle von der Mode beeinflusst, niemand ist frei davon. Aber ob nun dieses Jahr Lila und Smaragdgrün in oder out ist, ob man Hosen mit oder ohne Schlag trägt, ob die Röcke schwingen oder schmal sind ... lassen Sie sich davon nicht zu sehr beeinflussen. Viele stilvolle Frauen gehen sogar so weit, alles, was ›man‹ gerade trägt, zu meiden. Von der Chefredakteurin einer großen Modezeitschrift las ich kürzlich, sie trage Trends grundsätzlich ein Jahr später – dann werden sie nämlich erst richtig spannend! Anders sein bedeutet auch: Inspirationen annehmen, aber sie auf eigene Weise umsetzen. Influencerinnen auf Instagram zu kopieren und ihre Looks nachzushoppen ist ein verständlicher Reflex. Aber wird das funktionieren? Vermutlich nicht. Besser ist es zu überlegen: Was genau gefällt Ihnen? Der Schnitt, der Stoff, die Farben? Die Attitüde, mit der die Kleidung getragen wird? Oder sind es vielleicht die Accessoires? Schauen Sie genau hin und übernehmen Sie nur das für sich, was Sie am meisten anspricht.

Nobody is perfect. Stil hat nichts mit Perfektion zu tun. Im Gegenteil. Wenn von oben bis unten alles stimmt ... wie langweilig! Es sind gerade die kleinen Brüche, die einen Look spannend machen. Kultivieren Sie diese Brüche! Niemand will wie ein Katalogmodel aussehen. An glatten Figuren bleibt kein Auge hängen und auch keine Erinnerung. Körperliche Eigenarten sind nicht nur erlaubt, sondern erwünscht. Ein paar Pfunde zu viel, Falten oder graue Haare – warum sollten Sie sich deshalb verstecken? Und schon gar nicht hinter langweiliger Kleidung. Letztlich ist das ewige Streben nach Perfektion nicht nur sehr anstrengend, es ist ohnehin zum Scheitern verurteilt. Wir haben alle einen kleineren oder größeren Makel – warum fangen wir nicht einfach an, unsere Fehler zu lieben? Glauben Sie mir: Wenn die Ausstrahlung passt, wird kein Mensch mehr auf irgendeinen vermeintlichen Makel achten.

EIN PAAR PRAKTISCHE TIPPS ZUM START

Schließen Sie Frieden mit Ihrem Körper. Ich war noch nie schlank und doch habe ich lange mit mir gehadert, als sich während der Wechseljahre noch mehr Kilos dazugesellten und ich plötzlich bei Größe 48 landete. Geändert hat sich meine Haltung erst, als mir klar wurde, wie viel wertvolle Lebenszeit ich dem Thema Figur widmete und wie oft ich deswegen unzufrieden war, statt mein Leben zu genießen. Ich hatte keine Lust mehr, meinen Körper der Mode anzupassen – anstatt die Mode an meinen Körper. Natürlich gibt es gesundheitliche Gründe, Gewicht verlieren zu wollen – aber bitte lassen Sie sich nicht die Laune und die Lebensfreude davon verderben, dass Sie jetzt möglicherweise Größe 42 tragen und nicht mehr die 36 Ihrer frühen Jahre. Zumal ein paar Kilos mehr bekanntermaßen die beste Anti-Falten-Strategie sind (Kuh oder Ziege – Sie kennen das!).

Misten Sie Ihren Kleiderschrank aus. Viele von uns haben zum Bersten gefüllte Schränke – und doch, zumindest gefühlt, nichts anzuziehen. Das eine gefällt uns nicht, anderes ist zu eng geworden (oder vielleicht zu weit), wieder anderes war ein Fehlkauf, an dem noch das Preisschild hängt … Kennen Sie? Ich auch! Solche Kleidungsstücke müssen raus, damit Sie wieder Lust auf Ihren eigenen Kleiderschrank bekommen. Und damit Sie wieder sehen, wie viel Schönes, Brauchbares und Kleidsames da hängt. Ja, ich weiß, wie schwer das ist – aber auch wie erleichternd, wenn man nicht mehr ständig daran erinnert wird, wie man sich zum Kauf eines viel zu kleinen Sommerkleides hat hinreißen lassen, weil man ja ohnehin fünf Kilo abnehmen wollte … Ich kenne allerdings niemanden, der jemals diese fünf Kilo abgenommen hat. Liebe-auf-den-ersten-Blick-Einkäufe sind einerseits zauberhaft und auch sehr sympathisch, weil sie so menschlich sind. Andererseits kaufen wir auf diese Weise oft Teile, die wir gar nicht brauchen. Und die womöglich noch nicht mal zur

---

GUT ZU WISSEN

Wo kann ich gebrauchte Kleidung und Accessoires online verkaufen?

vestiairecollective.com
Wer zufälligerweise eine alte Hermès Kelly Bag und ähnliche Luxussachen (Kleidung, Taschen, Schuhe, Schmuck) im Schrank hat und sie loswerden möchte, ist hier richtig.

ubup.de
Kleidung wird hier direkt zum Festpreis an ubup abgegeben. Der Marktplatz verkauft die Sachen dann weiter.

rebelle.com
Auch hier kann man gebrauchte oder vintage Designer-Kleidung und -Accessoires verkaufen. Wer möchte, kann einen Concierge Service nutzen, der den gesamten Ablauf vom Fotografieren über die Preisfindung bis zum Versand übernimmt.

maedchenflohmarkt.de
Von H&M- bis Designer-Klamotten ist hier alles willkommen. Kleidung in größeren Größen ist besonders gesucht. Auch hier gibt es einen Concierge Service.

vinted.de
Vormals als Kleiderkreisel bekannt, ist dieser Marktplatz die Pionierin unter den Seond-Hand-Plattformen im deutschsprachigen Internet. Hier kann man gebrauchte Kleidung verkaufen, aber auch tauschen oder verschenken.

vorhandenen Garderobe passen – einfach nur, weil wir uns verliebt haben.

Vielleicht haben Sie schon von der Kon-Mari-Methode der Japanerin Marie Kondo gehört. Machen Sie es wie sie: Schauen Sie in Ihren Kleiderschrank und machen Sie eine Bestandsaufnahme. Nehmen Sie jedes (wirklich jedes!) einzelne Kleidungsstück aus Ihrem Schrank und prüfen Sie: Ziehen Sie es wirklich noch an? Passt es noch? Fühlen Sie sich wohl damit, macht es Sie glücklich? Wenn ja – prima! Dann darf es bleiben. Wenn nein – dann sollten Sie sich davon trennen und damit Platz machen für Neues. (Und schließlich ist die schönste Belohnung für leere Schrankfächer der Einkaufsbummel in der Woche danach.)

Recyceln Sie, was noch gut in Schuss ist.
Ausgemustertes können Sie entweder verkaufen oder an Kleiderkammern, Sozialkaufhäuser oder die Nachbarschaftshilfe verschenken. Oder Sie veranstalten eine Tauschparty mit Freundinnen. Was Sie nicht tun sollten: Die Kleider in großen Kisten in den Keller räumen. Außer Sie möchten Sie weitere zehn bis 20 Jahre dort stehen haben.

SHOPPEN – LIEBER ONLINE ODER IM KLASSISCHEN LADENGESCHÄFT?

Manche Frauen lieben das klassische Einkaufserlebnis mit viel Muße, Ausprobieren und einer qualifizierten Beratung. Vielleicht gibt es sogar ein Glas Prosecco oder einen guten Kaffee dazu. Andere wiederum hassen enge Umkleidekabinen mit unfreundlicher Neonbeleuchtung, finden Kommentare von Verkäuferinnen völlig unnötig und machen den Sekt lieber daheim auf, um ihre Einkäufe in Ruhe anzuprobieren.
Was natürlich für einen Einkauf im klassischen Modegeschäft oder einer Boutique spricht:

Die Trefferquote ist hier deutlich höher: Was nicht optimal sitzt und nicht gut aussieht, wird nicht gekauft. Es gibt kein umweltbelastendes Hin- und Herschicken von Bestellungen und Retouren, kein Chaos aus Verpackungsmaterialien, keine genervten Nachbarn, die Ihre Pakete annehmen müssen, und auch kein Anstehen bei Postfilialen, um Kleidung wieder zurückzuschicken. Vielmehr bekommt man die in Seidenpapier eingeschlagenen Neuerwerbungen in einer schönen Tragetasche und mit einem freundlichen »Viel Spaß damit!« über den Verkaufstresen gereicht (zumindest in den edleren Läden).
Andererseits bietet das Internet natürlich eine viel größere Auswahl. Wer eben nicht Kleidergröße 38 bei einer Körpergröße von 1,75 Metern trägt, sondern vielleicht Größe 48 bei 1,62 Metern oder etwa Schuhgröße 44, hat im Internet bei Weitem bessere Chancen, fündig zu werden. Was Online-Käufe aber problematisch

macht: Sie verleiten dazu, unnötig viel zu kaufen. Wie schnell ist man dabei, statt dem dringend benötigten blauen Shirt oder der schwarzen Hose eben doch drei oder vier Teile mehr in den Warenkorb zu legen. Kann man ja mal bestellen und schauen, ob's passt! Wenn nicht, geht das Teil eben kostenlos zurück.

Was viele nicht wissen: Nicht selten – und vor allem in billigeren Shops – wird die Retoure einfach weggeworfen, weil der Aufwand zu groß wäre, die Ware für den weiteren Verkauf aufzubereiten. Was für eine Verschwendung von Rohstoffen! Zumal man sie leicht vermeiden könnte, würde jede Käuferin sich zweimal überlegen, was sie braucht, und würde sie zudem die Größentabellen konsultieren! Seien Sie also wählerisch beim Online-Einkauf. Überlegen Sie: Brauche ich das wirklich? Passt es zu mir und meinem Stil? Kann ich es gut mit dem bereits Vorhandenen kombinieren? Wenn ja, kann Online-Shopping eine gute Option sein, sich die ganze Bandbreite an Marken und Möglichkeiten ins Haus zu holen.

> *Seien Sie auch beim Online-Kauf wählerisch und vor allem: Beachten Sie die Größentabellen!*

WAS HELFEN KANN

Denken Sie bereits beim Einkaufen in Looks. Überlegen Sie genau, wozu Sie das ausgefallene Paar Schuhe wirklich tragen können oder der auffällig gemusterte Blazer tatsächlich passt.

Wenn Sie (auch nur die leisesten) Zweifel haben – lassen Sie's. Meistens erweisen sich die Bedenken als berechtigt. Bestellen Sie nur, wovon Sie wirklich überzeugt sind.

Kaufen Sie bewährte Basics mehrfach. Jeans, die gut sitzen, ohne zu leiern, pflegeleichte Shirts mit guter Passform oder Blusen, die wirklich bügelfrei sind – bestellen Sie davon ruhig eine oder zwei nach. Dann müssen Sie nicht immer wieder neu suchen und Kompromisse eingehen.

Qualität vor Quantität. Ich habe es schon angesprochen, aber es kann gar nicht oft genug gesagt werden: Weniger ist auch bei der Kleidung oft mehr. Ich kenne sehr stylishe Frauen, deren gesamte Garderobe in einen Kleiderschrank von 1,50 Meter Breite passt – und andere, die ständig shoppen und trotzdem (oder vielleicht gerade deshalb) wie austauschbare Modepüppchen ohne eigenen Stil aussehen. Mein Plädoyer lautet deshalb: Kaufen Sie lieber weniger und dafür qualitativ hochwertige Kleidung. Lassen Sie sich dabei nicht von Preisnachlässen verlocken und bestellen Sie alle Werbe-Newsletter ab. Und achten Sie darauf, wo und wie sie produziert worden ist. »Made in China« oder »Made in Bangladesh« legen die Vermutung nahe, dass die Menschen (oft sind es Frauen und Kinder), die diese Mode genäht haben, nicht adäquat entlohnt worden sind. Manche Labels – vor allem die für Öko-Mode – bieten mittlerweile die Möglichkeit einer genauen Nachverfolgung an.

Apropos nachhaltig. Erfreulicherweise fertigen immer mehr Modemarken Kleidung, die sowohl umwelt- und menschenfreundlich produziert als auch schick ist. Die Zeiten, als Öko-Mode nach selbst geklöppelt oder Jute-Säcken aussah, sind schon lange vorbei. Und ja, ein nachhaltig produziertes Kleidungsstück ist teurer als eines aus herkömmlicher Fertigung. Dafür können Sie es dann aber mit gutem Gewissen tragen.

Visualisieren Sie Ihren Stil. Vor einigen Jahren geriet ich zufällig in einen Workshop, bei dem es darum ging, welches Leben wir leben wollen und wie wir uns unsere Zukunft vorstellen und erhoffen. Dazu sollten wir aus Magazinen spontan Seiten herausreißen oder Motive herausschneiden und zu Collagen kleben. Das Ergebnis war beeindruckend. Einige Frauen weinten sogar, weil ihre Werke ihnen zeigten, wo es für sie hingehen sollte – was ihnen gar nicht bewusst war. Diese Technik können Sie auch in puncto Stil anwenden: Schnappen Sie sich einen Stapel Modemagazine oder Zeitschriften und reißen oder schneiden Sie das heraus, was Sie vom Gefühl her spontan anspricht. Denken Sie nicht lange nach. Stellen Sie sich auch keine Fragen wie: Steht mir die Farbe? Passt mir das überhaupt? Macht mich das dick? Das alles ist in dem Moment völlig egal. Es geht einfach nur darum, was Ihnen gefällt, was Sie gut finden. Kleben Sie Ihre Ausschnitte dann auf ein großes Blatt Papier (DIN A3), am besten sortiert nach Oberbekleidung und Accessoires. Ich bin mir sicher: Sie werden sofort ein besseres Gespür dafür bekommen, wo Ihre Stilreise hingehen soll.

Kaufen Sie weniger und dafür Gutes!

Last, but not least: Lesen Sie dieses Buch ... und lassen Sie sich inspirieren: von elf stylishen Frauen und ihrer ebenso entspannten wie lustvollen Haltung zu Mode! Von 20 ganz unterschiedlichen Key Pieces, die ich mir auch in Ihrem Kleiderschrank vorstellen könnte. Von der Freiheit in Sachen Aussehen und Stil, die unser Alter ermöglicht. Unsere Zeit ist jetzt – genießen wir sie auch modisch in vollen Zügen. Und besinnen uns dabei auch wieder auf das, was schon Oma zu schätzen wusste: gute Schneiderkunst und hervorragende Qualität.

> *Traut euch! Steht zu euch! Ihr dürft tragen, was ihr wollt und worin ihr euch wohlfühlt.*
>
> Susanne Gundlach

STYLEGUIDE

Die weiße Bluse

Einen Stilratgeber mit einem Kapitel zur weißen Bluse zu beginnen, ist mindestens mutig. Vielleicht sogar dreist. Denn – seien wir ehrlich – weiße Blusen gelten nicht unbedingt als Inbegriff modischer oder stilistischer Inspiration. Ein Klassiker, den wir alle im Schrank haben, vermutlich sogar in mehreren Varianten – das schon! Eine ›sichere Bank‹, die zu so vielen Gelegenheiten und Anlässen passt, dass es fast langweilt. Die Uniform von Vorzimmerdamen, Wirtschaftsprüferinnen, Gouvernanten. Weiße Blusen, das ist gestärkte und gebügelte Langeweile. Denkt man.

Dabei war ihre Geschichte alles andere als fad. Das Wort Bluse stammt aus dem Mittelalter, als Kreuzritter einen Kittel – die ›Blouse‹ – zum Schutz über ihren Rüstungen trugen. Später dann galten weiße Hemden als Statussymbol (weil sie schmutzempfindlich waren und oft gewaschen werden mussten) und waren Wohlhabenden und Adeligen vorbehalten. Die weiße Hemdbluse, wie wir sie heute kennen, ist dem Herrenhemd nachempfunden und darf als solche durchaus als ein Zeichen der Emanzipation gewertet werden.

Weiße Blusen sind also alles andere als modisches Ödland. Im Gegenteil: Die weiße Bluse ist Ihre unbemalte Leinwand. Fast kein anderes Kleidungsstück nimmt sich so sehr zurück, bietet so viele Möglichkeiten, lässt Ihnen so viel Freiheit. Weiße Blusen sind Alleskönner. Businessmeeting mit fünf Mansplainern, Männern also, die Ihnen die Welt und überhaupt erklären wollen? Tragen Sie die weiße Bluse zum knallroten Hosenanzug als knallharte Ansage! Abends in die Oper? Kombinieren Sie die weiße Bluse mit einem Paillettenrock, High Heels und Glitzerschmuck. Strandspaziergang? Klauen Sie sich das weiße Lieblingshemd Ihres Mannes, lassen Sie es flattern oder knoten Sie es lässig unter der Brust. Sie vermissen Paris? Mit einem locker zu einer Kragenschleife gebundenen Samtband fühlen Sie sich fast wie an der Seine.

Erlaubt ist, was gefällt. Und das auch noch mit dem nötigen Understatement, das ein Kleidungsstück erst zum wirklichen Hingucker macht. Oder warum hüllte der großartige Peter Lindbergh seine Supermodels wohl in weiße Hemden? Genau: Deshalb!

WAS GIBT'S ZU BEACHTEN?

Das Material: Bei Klassikern lohnt es sich immer, in gute, hochwertige und dadurch oft auch teurere Materialien zu investieren. Entscheiden Sie sich für Baumwolle, Leinen, Seide. Ein Polyesterfetzen mag an 20-Jährigen noch charmant aussehen und bei einer 30-Jährigen gerade noch durchgehen. Aber bei Älteren wirkt er billig. Von möglichen Hitzewallungen unter Kunstfasern ganz abgesehen.

Der Schnitt: Da gibt es nur eine Grundregel: Die Bluse darf nicht spannen! Nirgends. Wer eine Sicherheitsnadel oder Brosche braucht, damit die Knopfleiste nicht klafft, hat sich in der Größe vergriffen. Also: Lieber ein bisschen zu locker als zu eng, lieber zu lässig als zu angezogen.

Das Darunter: Gerade hochwertige Materialien haben ein Problem: Sie sind oft so fein, dass man die Wäsche erkennt. Ein Hauch von Spitze kann in bestimmten Situationen ganz reizvoll sein. Aber mehr? Lieber nicht.

Wer weniger Einblick geben will, trägt ein hautfarbenes Unterhemd, das es ja auch in sehr feinen Materialien gibt. So wird das Darunter quasi unsichtbar.

WIE WIRD'S GESTYLT?

Tragen Sie Ihre weiße Bluse …
   klassisch: zum Kostüm oder Hosenanzug, mit dezentem Goldschmuck und schlichten Pumps. Damit es nicht langweilig wirkt, unbedingt roten Lippenstift oder eine auffällige Handtasche dazu kombinieren.
   lässig: zur gekrempelten Jeans oder zu Chinos, dazu Espadrilles oder Sneakers! Wer sich damit wohlfühlt, kann die Bluse auch knoten. Ein kleines Nickituch um den Hals oder ums Handgelenk ist das Tüpfelchen auf dem i.
   extravagant: zum Smoking oder schmalen (Pailletten-)Rock, mit schwarzen High Heels oder glitzernden Pumps. Dazu eine Clutch und viel Lippenrot! Oder – in Oversize getragen – mit üppigem Silberschmuck zu einer schwarzen Lederhose und Ankle Boots.

WO KRIEGT MAN'S?

van Laack: Das deutsche Traditionsunternehmen wurde im Jahr 1881 in Berlin gegründet und fertigte die ersten 90 Jahre seines Bestehens ausschließlich Herrenhemden. Erst seit Anfang der 1970er-Jahre gibt es auch eine Damenkollektion. Das Unternehmen achtet in seinen Werken in Mönchengladbach, Tunesien und Vietnam nachweislich auf soziale und faire Arbeitsbedingungen. Seit 2017 ist van Laack Mitglied der Fair Wear Foundation.
→ *vanlaack.com*

Eterna: 1863 wurde Eterna als Herrenhemdenfabrikation in Wien gegründet, eröffnete im Jahr 1927 eine Zweigniederlassung in Passau, dem heutigen Hauptsitz des Unternehmens. Seit 1952 werden auch Hemdblusen für Damen geschneidert. Von Anfang an arbeiteten die Gründer an der Entwicklung möglichst bügelfreier Stoffe; dafür steht die Traditionsmarke bis heute. Eterna-Hemden sind öko-zertifiziert und bieten durch eine Tracking-Nummer vollen Einblick in die Lieferkette jedes einzelnen Hemdes.
→ *eterna.de*

Lis Lareida: Die Schweizerin Lis Lareida fertigt und produziert seit 2008 unter ihrem Namen weiße Blusen, die sich tragen sollen wie ein T-Shirt. Inspiriert sind die Stücke aus feiner ägyptischer Baumwolle vom klassischen weißen Herrenhemd, wirken aber fließender, feiner, besonderer.
→ *lislareida.com*

Katharina Hovman: Die Marke Katharina Hovman wurde 1992 in Hamburg gegründet und fertigt Blusen, die wegen ihrer hochwertigen Kunstfaser (Taffeta) perfekt fürs Verreisen sind. Sie zu bügeln ist übrigens verboten – leichtes Knittern gehört zum Look. Die Blusen können in jedem Handwaschbecken durchgewaschen werden, brauchen zum Trocknen maximal 15 Minuten und passen in jede Handtasche.
→ *katharinahovman.com*

Melawear: Das Öko-Label Melawear (*Mela* ist Hindi und bedeutet »gemeinsam Handeln«) aus Kassel bietet klassische Hemdblusen aus zertifizierter Bio-Baumwolle. Produziert wird unter Fairtrade-Bedingungen in Sri Lanka und Indien.
→ *melawear.de*

Gestärkt und gebügelt?
Von wegen! Bei den weißen
Blusen von Katharina
Hovman gehört Knittern
zum Look.

PORTRÄT

Annette Bopp liebt Ballett und schreibt über Medizin und Kultur.

Mode und Trends sind ihr nicht wichtig. Stil aber schon.
Für Annette ist es ein Akt der Selbstliebe, sich gut zu kleiden.
Denn: Wer sich schön fühlt, ist es auch.

Porträt   Annette Bopp

Ich bin nie irgendwelchen Trends hinterhergelaufen.

Ballerina wollte sie ursprünglich werden, dann Ärztin. Und studiert dann doch als gebürtige Stuttgarterin in Hamburg Fischereibiologie. In diesem Beruf hat Annette Bopp aber nie gearbeitet. Stattdessen springt sie 1983 kurz nach dem Diplom als Medizinredakteurin ins kalte Wasser. Seit 1988 schreibt sie als freie Journalistin – im Laufe der Jahre mehrfach preisgekrönt – für nahezu alle großen deutschsprachigen Magazine und Zeitungen: von *Brigitte* über *Die Zeit*, *Süddeutsche Zeitung* und *Frankfurter Allgemeine Zeitung* bis *GEO*. Sie hat 36 Bücher rund um medizinische, oft naturheilkundliche Themen (mit-)verfasst, auch über ›typische‹ Frauenthemen wie die Wechseljahre.

Ihr zweiter journalistischer Schwerpunkt: die Kultur. Denn journalistisch ist Annette zum Ballett zurückgekehrt: als Korrespondentin für die größte deutsche Internetplattform für Bühnentanz, *tanznetz.de*. Dass Annette ein feingeistiger Mensch ist, spürt man, sobald man ihr Haus in ihrer Wahlheimat Hamburg betritt. Im Wohnzimmer steht eine Regalwand voller Bücher und Bildbände, daneben ein Klavier, an dem sie früher selbst, später ihre Tochter gespielt hat. An den Wänden Malerei, Lithografien und – ein besonderer Blickfang – das Plakat für John Neumeiers Ballett *Orpheus* in Originalgröße, ein persönliches Geschenk des Fotografen Holger Badekow. Eine Kostbarkeit, erzählt Annette, denn es handelt sich um das meistgeklaute Plakat aus den Vitrinen an Hamburger Haltestellen …

Liebe Annette, wie sehr drückt Mode deine Persönlichkeit aus? Es ist weniger die Mode als mein Stil, den ich als zeitlos elegant und durchaus auch extravagant beschreiben würde. Ich bin nie irgendwelchen Trends hinterhergelaufen, sondern habe meinen eigenen Weg gesucht und gefunden – dank einiger hervorragender Designerinnen und spezieller Läden mit exklusiver Mode, auf die ich meist zufällig gestoßen bin, zum Beispiel Mashiah Arrive in Berlin, einen israelischen Designer, der leider erblindet ist und deshalb seinen Laden geschlossen hat. Oder Horst Wanschura in Stuttgart – für mich eine wahre Fundgrube.

ANNETTE

Lieblingsmarke
Rundholz

Stil-Ikone
Jil Sander, Grace Kelly

Lieblingsstil
Zeitlos elegant und zugleich extravagant

Lieblingsteil im Kleiderschrank
Mein Abendkleid von Anna Fuchs

Mantra
»Wer, wenn nicht du?
Und wann, wenn nicht jetzt?«

Seite 26 Bücher sind Annettes große Leidenschaft, sie hat selbst 36 Sachbücher verfasst.

Oben Die Wahlhamburgerin setzt beim Einkaufen auf kleine, inhaberinnengeführte Läden.

Oder Sibilla Pavenstedt in Hamburg – von ihr war 1998 mein Hochzeitskleid, leider hat es nichts genutzt, die Ehe hat nicht gehalten ... Oder Marlowe nature in Hamburg – Öko-Mode mit zeitlosem Chic. Generell schätze ich inhaberinnengeführte Geschäfte sehr viel mehr als jede Kette.

Verrätst du uns, welche Designerinnen du sonst noch magst? Ich liebe die frühe, ›echte‹ Jil Sander, als sie die Mode, die unter ihrem Label vermarktet wird, noch selber entworfen hat. Aus dieser Zeit habe ich einige zeitlose, klassische Teile, die ich nach wie vor trage. Leider wurde mir vor vielen Jahren auf einer Italienreise ein Koffer mit unwiederbringlichen Teilen von Jil Sander gestohlen – die vermisse ich bis heute. Sehr gerne mag ich auch die genialen Taffeta-Blusen und -Hosen von Katharina Hovman aus Hamburg, die femininen Kleider von Anna Fuchs (die ihr Label leider aufgegeben hat), die Mode der 2018 verstorbenen Christa de Carouge aus Zürich, den betont reduzierten Stil des Japaners Yohji Yamamoto, die Kollektion *Pleats Please* von Issey Miyake und – last but not least – nahezu alles von Rundholz. Allesamt zeitlos schön und extravagant.

Was ist dir bei Mode und Stil besonders wichtig? Die Qualität. Und eine gute, das heißt für mich stilsichere und ehrliche Beratung. Deshalb kaufe ich online auch nur bei Labels, die ich schon kenne und von denen ich sicher weiß, dass sie mir stehen.

Das Wichtigste rund um das Thema Stil, Mode oder überhaupt das Aussehen ist für mich das eigene Selbstvertrauen. Wenn ich mich gut angezogen fühle, dann bin ich schön. Dann strahle ich Selbstbewusstsein aus. Das gilt auch für Dessous: Wenn ich schöne Wäsche trage, bewege ich mich anders. Sich gut zu kleiden ist übrigens keine Frage des Budgets, sondern der Einstellung und Haltung.

Porträt   Annette Bopp

FÜNF KEY PIECES, DIE JEDE FRAU IM SCHRANK HABEN SOLLTE

Oben Guter Stil kommt von innen: Wer sich gut angezogen fühlt, strahlt Selbstbewusstsein aus.

Kleines Schwarzes oder einen schwarzen Hosenanzug – beides ist ebenso elegant wie universell einsetzbar und mit Accessoires leicht an die jeweilige Gelegenheit zu adaptieren.

Klassische weiße Blusen – allerdings mit Pfiff, also mit irgendeiner Besonderheit beim Schnitt oder Material.

Schöne Tücher in allen Versionen, Größen und Materialien; von Cashmere bis Seide, bunt oder uni. Wird's irgendwo zugig, wirft man sie sich einfach dekorativ über die Schultern.

Ein Twinset oder einen einfarbigen V-Pullover aus Kaschmir – ideal an kühleren Tagen und zeitlos schön.

Feine Dessous – weil das Darunter genauso wichtig ist wie das Darüber!

Auch Second Hand und bei Oxfam gibt es tolle Sachen. Und ich tausche gern mal mit Freundinnen. Die treueste Trägerin meiner älteren Sachen, in die ich nicht mehr hineinpasse oder die mir heute nicht mehr so gut stehen, ist allerdings meine Tochter!

Du kaufst sehr bewusst ein, richtig? Gibt es bei dir auch Fehlkäufe? Oh ja *(lacht)*! Kürzlich ein Paar Schuhe einer deutschen Designerin, die leider drücken. Das ärgert mich maßlos, weil die Schuhe so chic sind …

Was stört dich bei dem Gedanken an Mode? Die menschenunwürdigen Bedingungen, unter denen Mode heutzutage oft produziert wird, schockieren mich immer wieder. Ich versuche deshalb seit einigen Jahren, möglichst fair und nachhaltig produzierte Mode einzukaufen. Und mich stört es, wenn alles nur auf Größe 34 bis 36 zugeschnitten ist – Frauen sind normalerweise nicht unbedingt so zierlich.

Wie möchtest du mit 75 leben? Und wie soll dein modisches Ich dann aussehen? Ich möchte noch genauso tatkräftig und kreativ sein wie heute, vielleicht mit etwas weniger Tempo. Meine modischen Grundsätze werden sich bis dahin hoffentlich nicht ändern. Die sind alterslos! Ich begegnete neulich einer Frau, die schätzungsweise um die 80 Jahre alt war, mit raspelkurzem Haarschnitt, gut geschminkt, nicht geliftet und sie trug ein hinreißendes Outfit von Yamamoto – so stelle ich mir das auch vor, abgesehen von den kurzen Haaren, die stehen mir nicht.

Was möchtest du Frauen über 45 in puncto Mode mitgeben? Ich möchte uns alle an den Satz von Yves Saint Laurent erinnern, der einmal gesagt hat: »Das schönste Kleidungsstück, das eine Frau tragen kann, ist die Umarmung eines Mannes, der sie liebt. Für alle, die dieses Glück nicht haben, bin ich da.« Ich würde die Umarmung eines Mannes allerdings noch durch die einer Frau ergänzen … Und natürlich muss es nicht unbedingt Mode von Yves Saint Laurent sein. Er steht hier stellvertretend für alle guten Designerinnen und Designer. Und ich möchte allen Frauen mitgeben, sehr genau hinzuschauen, was ihnen wirklich steht, und nicht einfach das zu wählen, was die Mode gerade diktiert.

Das Wichtigste ist ein gesundes Selbstvertrauen. Wenn ich mich schön fühle, bin ich es auch.

STYLEGUIDE

Die Jeans

Jeans sind viel mehr als das weltweit wohl beliebteste Kleidungsstück – sie sind ein Phänomen: Jeans verbinden Kulturen, gesellschaftliche Schichten und Menschen jeden Alters. Sie sind somit nicht nur ein modisches Wunder, sondern eine soziokulturelle Revolution. Jeans demokratisier(t)en die Welt, denn in Jeans sind wir alle gleich. Nun ja, fast.

Das Kulturen und Länder verbindende Element war diesen Hosen übrigens von Anfang an eigen, es macht sie geradezu aus: erdacht von einem aus Lettland in die USA ausgewanderten Schneider, patentiert und später auch produziert von Levi Strauss, der ursprünglich aus Bayern kam. Der Name eine Verballhornung der italienischen Hafenstadt Genua (französisch: *Gênes*), wo Matrosen Hosen in ähnlicher Machart getragen hatten. Und der typisch blaue belastbare Baumwollstoff Denim, aus dem Jeans bekanntermaßen gefertigt werden? Stammt aus der französischen Stadt Nîmes – *de Nîmes*! Noch internationaler geht es kaum!

Jeans waren ursprünglich als strapazierfähige Arbeitskluft gedacht, weit entfernt von den knackigen, körperbetonten Röhren, in die wir heute schlüpfen (oder uns hineinpressen). Bis in die 1930er- und 1940er-Jahre mussten sie nur eines können: lange halten. Man(n) trug sie mit Hosenträgern, frau trug sie gar nicht. Das änderte sich erst, als Hollywood die Jeans entdeckte. Denn: Blue Jeans machten Männer maskuliner und Frauen sexy. Das Material war perfekt, um Schauspielerinnen wie Marylin Monroe noch sinnlicher zu inszenieren. Hello, Rock 'n' Roll!

Und heute? Heute sind Jeans das Kleidungsstück für jede(n) und für jeden Anlass. Sie werden im Büro ebenso selbstverständlich getragen wie zur Gartenarbeit und im Biergarten. Sogar im Theater – vielleicht nicht unbedingt in München, aber doch in Berlin und Hamburg und Düsseldorf und Leipzig. Jeans sind somit alles andere als eine Uniform, für die sie viele Jahre gehalten wurden, sie stehen für Vielfalt und Freiheit. Und sie sind eine Einladung zu neuen Abenteuern: anziehen, wohlfühlen und ab ins Leben! »Wenn nicht jetzt, wann dann?«, scheint uns der blaue Denim aus dem Kleiderschrank zuzurufen! Wie recht er damit hat! Jeans sind mehr als ein Stück Baumwollstoff – sie sind ein Lebensgefühl.

WAS GIBT'S ZU BEACHTEN?

Das Material: Purer Denim oder doch lieber mit ein paar Prozent Elastan? Da scheiden sich die Geister. Die einen bevorzugen den klassischen und strapazierfähigen Baumwollstoff, die anderen mögen's lieber bequem (und lassen die Schenkelinnenseiten dafür regelmäßig ausbessern). Ob sich Jeans wirklich tragen müssen wie eine Jogginghose ist Ansichtssache. Besser für die Durchblutung der Beine sind ein paar Prozent Elastan aber allemal.

Der Schnitt: Die volle Freiheit – was sonst! Mit einer Einschränkung: Wählen Sie Schnitt, Größe und Material Ihrer Jeans so, dass sich in der Taille keine Speckröllchen bilden. Ansonsten: Tragen Sie doch einfach, was Ihnen gefällt und worin Sie sich wohlfühlen! Dass Skinny Jeans nur Girlies bis Ende 20 tragen dürfen, ist übrigens ein Gerücht!

Die Umwelt: So sehr wir Jeans lieben – sie sind in den letzten Jahren ins Gerede gekommen. Zu Recht: Die Produktionswege sind weit, der Wasserverbrauch bei der Herstellung hoch, die Fabrikationsstätten oft menschenunwürdig und die Farben nicht selten hochgiftig. Es lohnt sich also, bei den Herstellern und Marken genau hinzuschauen und auf Öko-Siegel wie GOTS oder IVN zu achten. Noch besser, weil nachhaltiger und ressourcensparender, ist es natürlich, eine schon vorhandene Jeans zu reparieren oder Second Hand einzukaufen. Dann ist der Used Look sogar echt.

WIE WIRD'S GESTYLT?

Tragen Sie Ihre Jeans …
   klassisch: mit Poloshirt oder Hemdbluse und Blazer aus Leinen, Baumwolle oder Wolle, im Herbst auch aus Tweed! Dazu Sneakers, Mokassins oder Boots. Mit mehreren Broschen am Revers oder einer auffälligen Handtasche sorgen Sie dafür, dass dieser Look zwar klassisch, aber nicht langweilig wird.
   lässig: Bootcut-Jeans (sprich: auch über Cowboystiefeln!), T-Shirt und klassischen Converse-Sneakers. Die Jeans unbedingt mit Ledergürtel tragen und die Hosenbeine zweimal krempeln!
   extravagant: mit schwarzem Top und Paillettenblazer. Dazu schwarze High Heels oder Plateau-Sandalen. Funktioniert am besten mit Skinny (den ganz engen) oder Flared (den ganz weiten) Jeans.

WO KRIEGT MAN'S?

Levi's: Der Klassiker unter den Jeans-Labels. Brachte die erste Blue Jeans – die 501, die es auch heute noch gibt – 1873 als strapazierfähige Arbeitskluft für Cowboys, Landarbeiter und Farmer auf den Markt. Seit 1934 gibt es auch Damenjeans. Spannend: Levi's bietet einen Reparaturservice, um kaputten Jeans aus eigener Produktion neues Leben einzuhauchen.
→ *levi.com*

Wrangler: Diese Jeansmarke wurde 1947 in North Carolina, USA, gegründet. Wrangler-Jeans wurden angeblich von Cowboys und Reitern bevorzugt – weil die Taschen anders sitzen und die Nieten den Sattel nicht verkratzen. Spannend: Umfragen haben ergeben, dass die Marke Wrangler von Republikanern bevorzugt wird, während Demokraten lieber Levi's tragen. Wenn's stimmt …
→ *wrangler.com*

Mustang: Die deutschen Jeans! Im Jahr 1948 wird im fränkischen Künzelsau die erste Jeanshose nach amerikanischem Vorbild gefertigt. Die Produktion der Damenjeans startet 1953. Der Markenname Mustang wurde erst 1958 eingetragen, vorher hießen die Hosen wie die Kleiderfabrik: Hermann. Erfolgreich wurden sie trotzdem.
→ *mustang.de*

Dawn Denim: Dieses Jeans-Label ist in Berlin zu Hause und fertigt in Vietnam zu fairen und nachhaltigen Bedingungen. Dawn Denim will den typischen Jeans-Look mit weniger Wasser und Chemikalien erreichen und macht seine Liefer- und Produktionsketten durch einen Code transparent.
→ *dawndenim.com*

Manomama: Das Bekleidungsunternehmen aus Augsburg produziert Eco Fashion zu fairen und sozialen Bedingungen. Hier wird auch Menschen eine Chance gegeben, die auf dem Arbeitsmarkt normalerweise untergehen. Jeans werden unter dem Namen Augschburgdenim produziert.
→ *manomama.de*

Links Geht immer: klassische Bootcut-Jeans von Manomama, einem öko-sozialen Label aus Augsburg.

GUT ZU WISSEN

Bootcut
Das ist ein klassischer Schnitt, bei dem die Jeans bis zu den Oberschenkeln eng anliegen und ab dem Knie leicht ausgestellt sind.
Die Jeans können also auch über Stiefeln getragen werden, daher auch boot cut.

Flared Jeans
Jeans mit Schlag. Liegen an den Oberschenkeln eng an. Ab dem Knie weitet sich der Schnitt trichterförmig nach unten, sodass die Hosenbeine weit ausgestellt sind.

Cropped Jeans
Cropped bedeutet abgeschnitten. Entsprechend sehen diese Jeans aus, als wären sie ein paar Zentimeter zu kurz geraten: Die Fußknöchel liegen frei.

Skinny Jeans
Diese Jeans sitzen besonders eng – wie eine zweite Haut. Meistens haben sie deshalb einen hohen Stretch-Anteil.

Röhrenjeans
Der klassische Jeansschnitt. Sie sitzen nicht ganz so eng wie eine Skinny, sind aber doch sehr figurbetont.

Mom Jeans
Ein Schnitt mit hohem Bund, schmaler Taille und weiten Oberschenkeln, der sich nach unten wieder verjüngt. Früher nannte man solche Hosen auch Karottenjeans.

PORTRÄT

Susanne Gundlach ist Modejournalistin und liebt es, Mode zu inszenieren.

Susanne ist in der Modebranche groß geworden, hat viele Jahre als Modechefin für deutsche Magazine gearbeitet und bis heute die Lust an schönen Schnitten und hochwertigen Stoffen nicht verloren. Im Gegenteil. Mode ist nach wie vor ihre große Liebe.

Porträt — Susanne Gundlach

Wenn ich schöne Mode sehe, geht mir das Herz auf!

Die Lust an der Mode ist Susanne Gundlach auf den ersten Blick anzusehen. In einem lachsrosa Kleid mit Volants öffnet sie mir die Tür. Schon beim Betreten ihrer Wohnung in Hamburg fühle ich mich, als wäre ich mitten in *Schöner Wohnen* gelandet. Stuckdecken, hohe Räume, großformatige Fotografien, Gemälde in Petersburger Hängung. Minimalistisch ist anders, aber hier fügt sich die Fülle an Bildern, Spiegeln, Porzellanfiguren und Erinnerungsstücken perfekt zusammen. »Wir sind große Fans des britischen Königshauses«, gesteht sie lachend, als ich die Wandteller von Camilla und Charles betrachte. Über dem Esstisch hängt eine große Schwarz-Weiß-Fotografie: zwei Mädchen mit Badekappen vor Pyramiden. Aufgenommen 1961 von ihrem Onkel, dem bekannten Modefotografen F. C. Gundlach.

»In meiner Familie hatte jeder irgendwie mit Mode zu tun. Das lag natürlich auch an meinem berühmten Onkel. In seinem Fotostudio bin ich quasi groß geworden.« Der frühe und ständige Kontakt mit Fotomodels, Moderedakteurinnen, Visagistinnen, Stylistinnen und den vielen Klamotten hat sie geprägt: »Auf gar keinen Fall wollte ich Fotografin werden!« Stattdessen studiert sie in Hamburg und New York Modedesign, heuert als Moderedakteurin bei der *Brigitte* an. Dort ist sie in erster Linie für Fotoproduktionen zuständig. »Ich habe es immer schon geliebt, mir Inszenierungen auszudenken und dann für das entsprechende Styling zu sorgen.« Nach 25 Jahren als Moderedakteurin und späterer Modeleitung in diversen Redaktionen – *Brigitte*, *Für Sie*, *Myself* – will sie sich noch mal neu erfinden: Sie macht sich als Stylistin selbstständig, gründet das Blog *Susie knows* und richtet sich stärker auf Plussize aus. »Schließlich trug ich ja selber eine ›große Größe‹.«

»Ich liebe Mode! Wenn ich schöne Stoffe berühre, besondere Schnitte sehe und sich alles zu einem wunderbaren Kleidungsstück fügt, geht mir das Herz auf!« Leider passiert das gerade bei Mode für große Größen viel zu selten.

SUSANNE

Lieblingsmarke
Dior und Anna Scholz

Stil-Ikone
Grace Kelly, Olivia Palermo, Iris Apfel – es gibt mehr als eine!

Lieblingsstil
Klassik mit Twist

Lieblingsteil im Kleiderschrank
Ein Punktekleid von Anna Scholz

Mantra
»Nimm deine Figur an, wie sie ist und werde deine eigene Stil-Ikone!«

Seite 36 Die Hamburger Modejournalistin und Stylistin Susanne Gundlach ist mit Mode groß geworden.

Rechts Vor einer Fotografie ihres Onkels F. C. Gundlach: zwei Mädchen mit Badekappe vor den Pyramiden (1961).

Die beste Zeit für guten Stil

Porträt Susanne Gundlach

FÜNF KEY PIECES, DIE JEDE FRAU IM SCHRANK HABEN SOLLTE

Oben Susannes großer Wunsch: mehr schöne und hochwertige Mode für größere Größen!

Gut sitzende Jeans. Schmeicheln der Figur und ein wohldosierter Stretch-Anteil sorgt für Komfort.

Ein schönes Kleid. Mit dem richtigen Kleid kann jede Frau ihre Feminität unterstreichen.

Eine kuschelige Strickjacke. Die perfekte Alternative zum klassischen Blazer. Eine Strickjacke macht aus einem Sommerkleid ein Vier-Jahreszeiten-Kleid und nimmt dem korrekten Office-Look das Biedere.

Ein schmaler Kaschmirpulli. Wirkt einfach immer stylish und edel. Bei ausgestellten Röcken, Marlene- oder Paperbag-Hosen (weite Hosen mit besonders hoher Taille) sorgt er für eine perfekte Silhouette.

Ein Breton-Shirt. Gibt jedem Outfit eine gewisse Lässigkeit und kommt nie aus der Mode!

»Wirklich schöne Mode für Frauen, denen die sogenannten Normalgrößen nicht passen? Die muss man mit der Lupe suchen!« Und es ärgert sie auch, dass man Frauen jenseits der 42/44 am liebsten in Polyester stecke. Hochwertige Materialien? Fehlanzeige! »Was es zu kaufen gibt, ist oft so lieblos und billig hingeschustert, dass ich mich frage, ob Frauen mit mehr Hüfte, Bauch und Po der Modebranche einfach nicht mehr wert sind?« Ausnahmen gibt es, es sind aber wenige: Das deutsche Modelabel Sallie Sahne zum Beispiel produziert Kleidung bis Größe 56 – in hochwertiger Qualität und gelungenen Schnitten. Und dazu in Deutschland! Das alles habe natürlich seinen Preis, gesteht Susanne ein. Und: Damit solche Firmen bestehen können, müssten auch die Kundinnen mitspielen. »Nach guter Qualität rufen, um dann doch lieber bei den günstigen Modeketten einzukaufen – das funktioniert nicht.« Ähnlich schwierig zu kriegen ist Plussize-Mode aus nachhaltiger Fertigung. »Schöne Eco Fashion gibt es in dem Größensegment praktisch nicht.« Nicht mal Second-Hand- oder Vintage-Mode kann sie tragen, denn auch die gibt es fast ausschließlich für kleinere Größen. Im Übrigen einer der Gründe für ihr großes Faible für Accessoires: Bei Taschen, Schuhen, Schmuck könne man auch als üppigere Frau aus dem Vollen schöpfen, schmunzelt sie.

Ein wenig von ihrer Leidenschaft für Mode wünscht sich Susanne auch für andere Frauen. »Viele Frauen, gerade in Deutschland, haben keinerlei Lust auf Mode. Hauptsache bequem, Hauptsache praktisch, Hauptsache, man hat irgendwas an!« Das Bedürfnis, durch den eigenen Stil auch seine Persönlichkeit auszudrücken, verbunden mit einer gewissen Experimentierfreudigkeit – das fehle häufig. Schade. »Ich habe Mode immer auch als Ausdrucksmittel gesehen. Stil ist viel mehr als eine bloße Hülle, sondern tatsächlich ein Teil der eigenen Person.« Wer sein Äußeres nicht wichtig nimmt, der nimmt vielleicht auch sich selbst nicht so wichtig.

Ob sich ihr Stil im Laufe ihres Lebens geändert habe, will ich wissen. »Nicht wirklich. Ich war immer schon klassisch in der Grundnote und ›funky‹ in den Details.« Natürlich, als junge und damals auch schlanke Frau, die noch dazu in der Mode arbeitete, hat sie alles getragen und alles ausprobiert. Heute freut es sie, wenn sie ihre Klamotten aus den 80ern an ihren Töchtern sieht. »Es kommt doch alles wieder!« Allerdings ist sie mutiger und toleranter als noch vor einigen Jahren, und auch experimentierfreudiger, vor allem bei Farben. Gelb zum Beispiel wäre ihr früher nie in den Schrank gekommen – heute trägt Susanne kräftige und bunte Farben mit großer Begeisterung. Warum auch nicht? »Wenn ich einen Wollmantel in Gelb oder Knallorange anziehen möchte, dann tue ich das!« Diese Haltung wünscht sie sich auch für andere Frauen jenseits der 45: »Traut euch! Steht zu euch! Ihr dürft tragen, was ihr wollt und worin ihr euch wohlfühlt.« Ob das der Nachbarin oder Kollegin gefällt und passt – das sei doch wirklich egal!

> *Stil ist keine bloße Hülle, sondern Ausdruck unserer Persönlichkeit!*

STYLEGUIDE

Der rote Lippenstift

Vier Kilo Lippenstift verspeisen Frauen durchschnittlich in ihrem Leben, vermeldet die Statistik. So viel wie 40 Tafeln Vollmilchschokolade. Nur eben nicht so lecker. Statt Kakaobutter und Zucker gibt es Paraffine, Parabene, Silikone. Eine Prise Anilin, ein bisschen Tartrazin und noch einiges mehr. Und auch wenn uns diese Rezeptur nicht schmeckt: Lippenstifte lieben wir dennoch. Sehr.

Schon lange bevor der Lippenstifte erfunden wurde, färbten Frauen ihre Lippen. Ob es bereits in der Steinzeit Helferlein für kirschrote Lippen gab? Denkbar – aber leider nicht belegt. Nachweislich hingegen griffen sumerische Frauen erstmals vor mehr als fünftausend Jahren zum künstlichen Rot. Im alten Ägypten, im antiken Griechenland und in Rom nutzten Frauen von Stand Zinnober und Henna und hoben sich dadurch vom einfachen Volk ab. Königin Elizabeth I. betonte im 16. Jahrhundert ihre Lippen mit der intensiven Röte zerstampfter Cochinelleläuse. Im Barock dann eskalierte die Schminkfreude: Frauen wie Männer trugen Scharlachrot zum hell gepuderten Teint. Die Inhaltsstoffe? Ach, lassen wir das!

Das *rouge à lèvres* von heute hat der Pariser Parfumeur Guerlain im Jahr 1870 erfunden. Zunächst wurde die Mischung aus Rizinusöl, Hirschtalg, Bienenwachs und Farbstoff zwischen Pergamentpapier in Stiftform gerollt und im Jahr 1900 dann in einer Metallhülse auf den Markt gebracht. Ne m'oubliez pas – Vergessen Sie mich nicht – nannte er die Neuerfindung.

Und er hat sein Versprechen gehalten. Tiefrote Lippen sind weit mehr als ein erotisches Signal – rote Lippen stehen für Mut, Stärke, Selbstbewusstsein. Für Frauen, an die man sich erinnert! Mit rotem Lippenstift lassen wir die Welt wissen: Ich bin da und ich will gesehen werden. Das erkannten auch die Suffragetten der Frauenbewegung und marschierten im Jahr 1912 mit rot geschminkten Lippen durch New York – ausgestattet übrigens von der jungen Elizabeth Arden.

Der rote Lippenstift ist aber noch mehr: Er ist Launeheber, Express-Stylist und Schönermacher par excellence! Er zaubert Frische ins Gesicht, wenn wir müde sind. Er macht uns blitzschnell schön fürs nächste Date. Er ist ein Look ganz für sich, auch ohne weiteres Make-up. Mit roten Lippen sind wir bereit für den Tag. Und das Schönste ist: Rote Lippen stehen jeder Frau. Ohne Ausnahme.

WAS GIBT'S ZU BEACHTEN?

Die Darreichungsform: Lippenrot gibt es nicht nur als klassischen Lippenstift in der Hülse, sondern auch in Tuben, Tiegeln, mit Schwamm-Applikator, Pinsel oder als Filzstift. Es gibt Lippenlack, Lipgloss, Lipbalm, Tinktur oder auch Lip Plumper für üppigere Lippen. Die Texturen reichen von flüssig bis fest, von wenig bis stark pigmentiert, von glänzend bis matt. Ach, es ist ein Labyrinth, ein Dschungel! Die richtige Textur und Farbe zu finden ist eine Wissenschaft für sich. Und über eines seien Sie sich gewiss: Haben Sie endlich den Lippenstift in Ihrer Traumfarbe gefunden, nimmt ihn der Hersteller garantiert in Kürze vom Markt.

Die Anwendung: Lippenstift hält am besten, wenn man darunter einen Hauch von Foundation oder Puder gibt und ihn dann zweimal aufträgt. Wenn Sie die Farbe mit dem Pinsel auftragen, wird's exakter. Lippenkonturenstift? Der wurde ja in den 80er- und 90er-Jahren als das Nonplusultra gehypt. Ich würde ihn nur verwenden, wenn es wirklich sein muss: Etwa wenn Sie glänzenden und daher fettreichen Lippenstift verwenden und verhindern wollen, dass er in die kleinen, gemeinen Lippenfältchen verläuft. Matte Lippenstifte halten auf den Lippen übrigens besser als glänzende – die sind dafür pflegender.

WIE TRÄGT MAN'S?

Tragen Sie Ihren roten Lippenstift …
klassisch: ein kräftiges Tomatenrot mit samtiger Textur, sprich weder matt noch zu glänzend – passt immer und wirkt ausdrucksstark. Macht schöne Lippen und einen formvollendeten Mund. Am besten mit einem Pinsel auftragen.
lässig: ein glänzender Lippenstift mit weniger Farbpigmenten, den man auch ohne Pinsel auftragen kann. Perfekt, wenn es schnell gehen muss und man ohne Spiegel unterwegs ist.
extravagant: ein dunkler, fast schon schwarzroter Ton für dramatische Auftritte! Sieht am besten auf eher üppigen Lippen aus, denn dunkle Farben machen Lippen schmaler. Unbedingt mit dem Pinsel auftragen!

WO KRIEGT MAN'S?

Guerlain: Maison Guerlain entwickelt seit dem Jahr 1828 Parfüms und ist damit eines der ältesten Kosmetikunternehmen weltweit. Im Jahr 1870 wurde dort der Lippenstift in der Form erfunden, wie wir ihn heute kennen. Meine persönliche Lieblingsfarbe? Chilli Matte – ein intensiver Rotton, der leicht ins Orange spielt.
→ *guerlain.com*

Chanel: Das Modehaus Chanel bietet bereits seit den 20er-Jahren dekorative Kosmetik. Ein schlauer und erfolgreicher Schachzug von Coco, denn wer sich kein Chanel-Kostüm oder -Tasche leisten kann, kauft vielleicht ein Parfüm oder einen Lippenstift. Legendär ist Rouge Noir, ein ins Schwarze spielender, sinnlicher und sehr extravaganter Ton. Gleichermaßen zeitlos schön ist auch Lover (allein der Name!).
→ *chanel.com*

Annemarie Börlind: Das Unternehmen Börlind wurde 1959 gegründet und gehört zu den Pionieren der Naturkosmetik. Seit rund 20 Jahren umfasst das Portfolio dekorative Kosmetik, darunter auch Lippenstifte in matten und glänzenden Farben. Mein Favorit: die Farbe Paris Red.
→ *boerlind.com*

AVON: Der Kosmetikhersteller AVON wurde 1886 in New York City gegründet und erhielt 1939 seinen heutigen Namen. Die Produkte überzeugen durch ihr gutes Preis-Leistungsverhältnis. Bei den Lippenstiften begeistert mich die Farbe Everyday Red, ein klassisches Rot mit semi-matter Konsistenz, das lange auf den Lippen haftet, ohne sie auszutrocknen.
→ *avon.de*

Links Roter Lippenstift: macht einfach gute Laune und steht jeder Frau. In jedem Alter!

================ GUT ZU WISSEN ================

Lipliner
Mit einem Lippenkonturenstift oder auch Lipliner werden die Lippen umrandet, bevor die Lippenstiftfarbe aufgetragen wird. Damit soll ein Auslaufen und Verschmieren der Farbe verhindert werden. Der Lipliner sollte dieselbe Farbe haben wie der Lippenstift.

Lipbalm
Ein leicht getönter Pflegebalsam, der meistens in kleinen Tiegeln angeboten wird.

Lipgloss
Ein hochglänzendes, transparentes Gel, das mit Farbpigmenten, Glimmer und manchmal auch mit pflegenden Inhaltsstoffen angereichert ist und den Lippen Glanz und mehr Volumen verleihen soll. Kann anstatt oder auch über dem Lippenstift verwendet werden.

Lip Tint
Ein getöntes Gel bzw. eine Tinktur, die den Lippen einen sehr natürlichen Hauch von Farbe verleiht. Klebt und glänzt weniger als ein Gloss, haftet dafür länger.

Lip Plumper
Ein Gel oder Balsam, das durch seine Inhaltsstoffe (zum Beispiel ätherische Öle oder Chili) dafür sorgt, dass die Lippen stärker durchblutet werden und damit üppiger und praller (englisch: »plump«) erscheinen. Aber keine Angst vor dauerhaften Schlauchbootlippen: Der Effekt ist eher dezent und vollständig reversibel!

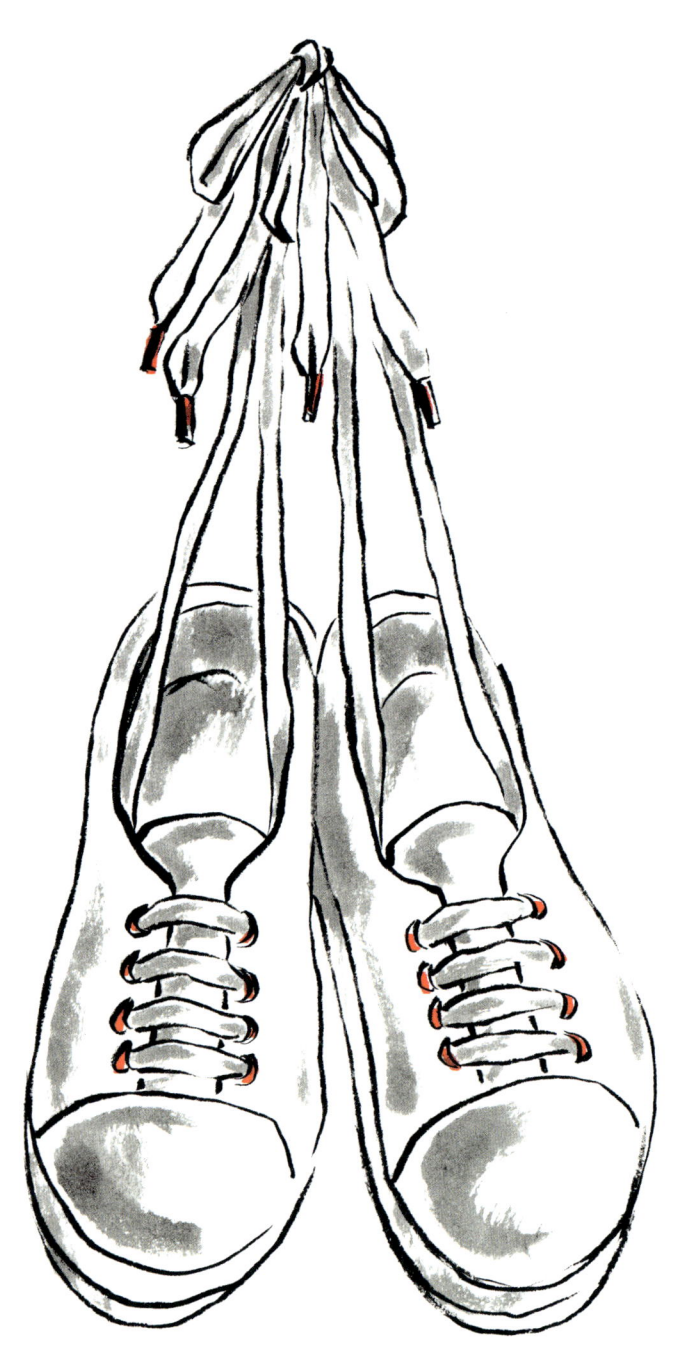

STYLEGUIDE

Die Sneakers

Sneakers sind im Grunde nichts anderes als Turnschuhe. Vermutlich wurden sie nur deshalb umbenannt, damit wir nicht ständig an den Sportunterricht in der Schule denken müssen, der uns fürs Leben traumatisierte (oder kennen Sie jemanden, der Schulsport in guter Erinnerung hat?).

Seitdem Turnschuhe also Sneakers heißen, weist ihre Erfolgskurve stetig nach oben. Und zwar so sehr, dass sie sogar als Geldanlage taugen! Kaum zu glauben, aber Sneakers werden tatsächlich für Hunderttausende von Dollars gehandelt! Der Nike Waffle Racing Flat Moon Shoe etwa wurde für 437 500 Dollar versteigert – nur für den Fall, dass Sie etwas Vergleichbares im Keller bei Ihren ausrangierten Klamotten liegen haben …

Das war aber nicht immer so: In ihren Anfangszeiten waren die Turnschuhe aka Sneakers lediglich die günstige Alternative zu den damals üblichen Hochglanz-Lederschuhen. In den 1950er-Jahren avancierten sie dann zu einem Symbol der Jugend- und Protestkultur. Rebellion! Schauspieler wie James Dean und Marlon Brando, später dann auch Sänger Mick Jagger, David Bowie und Kurt Cobain machten Sneakers zu einem Kultschuh. Und Joschka Fischer. Niemand würde sich an die Vereidigung des Grünen-Politikers und späteren Außenministers im Jahr 1985 erinnern, hätte er nicht weiße Nike-Sneakers getragen. Was für ein Skandal! Wie unseriös! Wie respektlos!

Heute sind Sneakers schon lange kein Zeichen des Protests oder der Revolte mehr. Sondern das, wozu sie ursprünglich einmal erdacht wurden: ein bequemer Schuh für jeden Tag. Für den man heute allerdings ziemlich viel Geld ausgeben kann.

Die Ur-Sneakers haben übrigens alle Zeiten und Moden überdauert: Die Converse All Stars (nach dem Basketballspieler Chuck Taylor auch Chucks genannt) sind seit 1936, als sie die offiziellen Schuhe der US-amerikanischen Nationalmannschaft wurden, in praktisch unveränderter Form auf dem Markt. Auch ich habe den Klassiker aus weißem Segeltuch mit Streifen und Stern im Schuhschrank. Wobei ›Weiß‹ bei den Canvas-Klassikern ein eher dehnbarer Begriff ist: Man kriegt sie nach dem ersten Tragen nur mit viel Mühe wieder richtig sauber, weswegen sie gerne ein bisschen schmuddelig wirken. Aber egal – das gehört zum Look.

WAS GIBT'S ZU BEACHTEN?

Das Material: Leder, Synthetik, Segeltuch oder eine Mischung aus allem – Sneakers werden heute aus den unterschiedlichsten Materialien gefertigt. Sneakers aus Leder halten bei guter Pflege besonders lang – allerdings sind sie relativ schwer. Aus Kunststoff gefertigt sind sie hingegen leicht und bequem. Nur das regelmäßige Lüften sollte man nicht vergessen. Wer es besonders lässig mag, wählt Sneakers aus Segeltuch (Canvas).

Der Stil: Die Zeiten des Einheits-Sneakers sind schon lange vorbei! Heute gibt es Ugly Sneakers (sic!), Plateau-Sneakers, Retro-Sneakers, Sneakers mit Applikationen, auffälligen Satinschleifen und asymmetrischen Sohlen, von den verschiedensten Farben und Materialmischungen gar nicht zu reden. Wenn es für Sie kein Schrank voller Sneakers, sondern nur ein einziges Paar sein soll, dann entscheiden

Sie sich am besten für ein klassisches Modell. Das passt zu vielen Anlässen und Outfits. Die Pflege: Auch wenn die Reinigung in der Waschmaschine so praktisch und einfach erscheint – gut tut die Maschinenwäsche den Schuhen nicht und für Leder ist sie ohnehin tabu. Wer seine weißen Sneakers (zumindest einigermaßen) sauber kriegen will, der putzt sie mit Bürste und Spülmittel. Mit beigemischtem Backpulver werden sie sogar wieder richtig weiß! Übrigens: Damit es gar nicht erst so weit kommt: Sneakers – ob weiß oder farbig – bitte vor dem ersten Tragen imprägnieren!

WIE WIRD'S GESTYLT?

Tragen Sie Ihre Sneakers …
   klassisch: Weiße Leder-Sneakers zum schlichten Hosenanzug mit weißer Bluse wirken seriös, aber eben mit dem gewissen ›Twist‹. Funktioniert am besten mit weiten Hosen und einer taillierten Jacke.
   lässig: zu Jeans, Chinos, Shorts. Oder zum weiten Sommerrock und T-Shirt.
   extravagant: Wie wäre es mit goldenen oder silbernen Sneakers zum Smoking? Oder zur schwarzen Hose plus schwarzem Top. Dazu gehört unbedingt eine goldene beziehungsweise silberne Clutch!

WO KRIEGT MAN'S?

Nike: Das Unternehmen wurde 1964 gegründet und 1971 nach der griechischen Siegesgöttin Nike benannt. Heute ist Nike der wohl erfolgreichste Sportartikelhersteller weltweit. Einige seiner Sneakers werden zu Höchstpreisen als Investments gehandelt.
→ *nike.com*

Adidas: Seine Ursprünge hatte das Unternehmen in den 1920er-Jahren in Herzogenaurach, zu Adidas umfirmiert wurde die Gesellschaft im Jahr 1949. 1954 war Adidas mit seinen neuartigen Stollenschuhen maßgeblich am Wunder von Bern mitbeteiligt: Deutschland wurde überraschend Fußball-Weltmeister. Adidas gehört heute zu den weltgrößten Sport- und Lifestylemarken.
→ *adidas.de*

Converse: 1908 ist das Geburtsjahr des Unternehmens, das die Sneakers erfand. 1917 brachte Converse die Basketballschuhe All Stars auf den Markt; 1936 folgten dann die Chuck Taylor All Stars, mit denen die US-Basketballmannschaft olympisches Gold gewann. Die Chucks werden bis heute mehr oder weniger unverändert produziert und gehören zu den erfolgreichsten Schuhen überhaupt.
→ *converse.com*

Nat-2: Das Eco-Schuhlabel aus München wurde 2007 gegründet und für seine innovativen Entwürfe bereits mehrfach mit Designpreisen ausgezeichnet. Sneakers von Nat-2 gibt es von sehr klassisch bis extrem ausgefallen und extravagant. Gefertigt werden die Schuhe aus nachwachsenden und sehr außergewöhnlichen Rohstoffen (zum Beispiel Milch, Gras und Kaffeebohnen) und Recycling-Materialien. Ein Teil der Kollektion ist vegan.
→ *nat-2.eu*

Veja: Seit 2005 fertigt das französische Unternehmen ›grüne‹ Sneakers und verbindet schickes Design mit Verantwortung gegenüber Gesellschaft und Umwelt. Die Modelle stehen ihrer Verwandtschaft aus herkömmlicher Produktion optisch in nichts nach, werden aber nach umweltfreundlichen, sozialen und fairen Richtlinien in Brasilien gefertigt.
→ *veja-store.com*

Sneakers von Veja beweisen: Schick und umweltfreundlich sind schon lange kein Widerspruch mehr.

PORTRÄT

Claudia Braunstein ist Food- und Reisebloggerin und macht Menschen Mut.

Einen Großteil ihres (Berufs-)Lebens hat Claudia in der Modebranche verbracht. Bis eine Krankheit alles änderte und sie sich selbst und ihr Leben komplett neu erfinden musste. Dass und wie ihr das gelungen ist, ist eine Geschichte, die Mut macht.

Porträt — Claudia Braunstein

Ich mag Mode immer noch – aber Trends sind mir nicht mehr wichtig.

Salzburg, ein Sommernachmittag. Ich sitze mit Claudia Braunstein in einem kleinen Café am Rande der Altstadt. Claudia ist Salzburgerin und lebt hier mit ihrem Mann, mit dem sie schon ewig (O-Ton!) verheiratet ist. Die vier Kinder? Sind schon länger ausgeflogen, zwei Enkelkinder gibt es auch. »Wie die Zeit vergeht …«, lächelt Claudia und schwingt die langen dunkelbraunen Haare über die Schulter. Nur ihr leichter Sprachfehler und ein paar Narben am Hals erinnern noch an die Zeit vor neun Jahren, als ihr Leben monatelang auf Messers Schneide stand. »Seltenes Zungenkarzinom« lautete damals die Diagnose, mehrmonatige Krankenhaus- und Reha-Aufenthalte waren die Konsequenz. Über die Jahre folgten weitere, zum Teil ästhetisch korrigierende Eingriffe, viele Stunden bei der Logopädin, um die Sprachbehinderung, eine Folge der Operationen, zu bewältigen. Ob sie glücklich sei, frage ich spontan und möchte meine Frage am liebsten gleich wieder zurücknehmen. Claudia lacht, ein fröhliches, entspanntes Lachen. »Ich bin glücklich, ja. Ich führe ein gutes Leben, in gewisser Weise ist es sogar spannender als früher!«

Früher – das war die Modebranche. »Ich wollte nach der Matura Modedesign studieren. In Italien. Das hat sich damals zwar zerschlagen – aber dann bin ich meinem Mann begegnet, der ein Modeunternehmen führte. Da bin ich eingestiegen.« 20 Jahre hat sie Fashion gemacht und in Österreich sogar Trends mitbestimmt. Immer top und up to date angezogen zu sein war damals schon aus geschäftlichen Gründen wichtig. »Manche Kleidungsstücke habe ich nur einmal getragen und dann sofort weitergegeben. Meine Garderobe hat sich monatlich komplett erneuert!« Das ist für Claudia heute unvorstellbar. »Ich mag Mode immer noch – aber Trends sind mir nicht mehr wichtig. Ich muss mich wohlfühlen mit dem, was ich trage.«

CLAUDIA

Lieblingsmarke
Max Mara

Stil-Ikone
Die Mama

Lieblingsstil
Lässig

Lieblingsteil im Kleiderschrank
eine beige (!) Strickweste im Blazerstil

Mantra
Ich habe kein klassisches Mantra, aber einen Leitspruch: »Ich bin durch die Hölle gegangen, der Himmel muss aber noch auf mich warten, denn ich habe auf Erden noch viel zu erledigen.«

Seite 50 Ihr Leben macht Mut: Nach einer schweren Krankheit hat sich Claudia Braunstein komplett neu erfunden.

Rechts Claudias Look ist im Alltag unkompliziert und lässig. Sneakers liebt sie besonders – in allen Farben.

Die beste Zeit für guten Stil

Porträt   Claudia Braunstein

FÜNF KEY PIECES, DIE JEDE FRAU IM SCHRANK HABEN SOLLTE

Oben Für feinere Gelegenheiten holt sie die große Garderobe und Vintage-Accessoires aus dem Schrank.

Weiße Blusen in allen Varianten, von sportlich und leger bis superelegant, denn die kann man zu vielen Gelegenheiten tragen.

Shape-Unterwäsche. Ja, ich finde man darf ein wenig schummeln.
Mit knapp 60 ist trotz viel Disziplin nicht mehr alles am gewünschten Platz.

Sneakers trage ich inzwischen zu sehr vielen Gelegenheiten, früher wäre das unvorstellbar gewesen. Der Vorteil beim Reisen: Man kommt mit nur wenigen Paar Schuhen aus.

Gut sitzende Jeans, vor allem um die Leibesmitte. Und bequem müssen sie sein!

Ein Kleines Schwarzes, das passt zu vielen Anlässen. Und man ist damit auch dann gut angezogen, wenn es etwas formeller zugeht.

Claudias Look heute ist unkompliziert, casual und individuell. Im Alltag mag sie es gerne sportlich: Chinos, Hemdbluse und Sneakers, die liebt sie besonders. Alles in den klassischen Farben Blau, Weiß oder in ihrer Lieblingsfarbe Beige. Zu besonderen Anlässen, etwa einem Besuch der Salzburger Festspiele, darf es aber gerne auffallend sein: das Kleine Schwarze, dazu ein Paillettenjäckchen und eine ihrer Vintage-Abendtaschen – »Die werden mit dem Alter immer schöner!« – oder auch ein bodenlanger schwarzer Taftrock mit weißer Bluse und breitem Lackgürtel. Und natürlich werden die sonst so geliebten Sneakers gegen hohe Hacken getauscht.

Trends mögen für sie nicht mehr so wichtig sein, aber auf Stil legt Claudia immer noch großen Wert. Und auf die Qualität von Kleidung. Am liebsten kauft sie daher im Geschäft und nicht online. »Ich muss Kleidung fühlen und die Ware in der Hand haben, bevor ich sie kaufe!« Auch Nachhaltigkeit ist ein großes Thema: »Es ärgert mich, dass Mode oft als Einmalprodukt gesehen wird. Kaufen, anziehen, wegwerfen. Mir wird ehrlich übel, wenn mir auf Social Media sogenannte Fashion Hauls unterkommen, bei denen Influencerinnen Unmengen ihrer neuesten Fast-Fashion-Errungenschaften herzeigen.« Vintage und Second Hand liegen hingegen in der Familie: Manche Kleidungsstücke übernimmt sie von der modisch immer noch sehr aktiven Mama oder von der Schwester, die einen ähnlichen Geschmack hat. Gekauft wird nur noch wenig, lieber trägt Claudia Selbstgenähtes von ihrer Mutter, einer begnadeten Hobbyschneiderin. »Meine Bedürfnisse und auch mein Konsumverhalten haben sich seit meiner Krankheit sehr verändert. Ich brauche und ich kaufe nicht mehr so viel wie früher – ich habe ja wahrlich genug Klamotten und Accessoires im Schrank.« Unzählige Vintage-Artikel sind darunter, erzählt sie: alte Taschen von Louis Vuitton und MCM, Gürtel und Seidentücher von Hermès oder ein 30 Jahre altes Kostüm von Jil Sander. »Alles unkaputtbar und immer noch wunderschön.« Die Tücher liebt sie besonders und trägt sie auch im Alltag, um ihre immer noch empfindlichen Operationsnarben vor Zugluft zu schützen.

Nicht nur ihr Leben, auch ihren Beruf musste Claudia nach ihrer Krankheit komplett neu erfinden. Heute arbeitet sie als Food-Bloggerin und hat außerdem ein Kochbuch geschrieben. »Barrierefreies Essen ist für viele Krebspatienten ein wichtiges Thema – aber leider ziemlich unbekannt.« Als Travel-Bloggerin erkundet sie außerdem Österreich und das umliegende Ausland. Ich bin neugierig: Gibt es Kleidungsstücke, auf die sie beim Reisen nicht verzichten mag? Ein Badeanzug muss immer mit, ein 30 Jahre alter Trenchcoat vom italienischen Label ANNARITA N, und natürlich Sneakers, ohne die sie, gesteht sie schmunzelnd, überhaupt nicht mehr leben und schon gar nicht reisen kann. Was sie Frauen über 45 in Sachen Mode mitgeben möchte, will ich noch wissen: »Bleibt einfach lässig! Mode soll Spaß machen und keine Zornesfalten verursachen.«

> *Es ärgert mich, dass Mode oft als Einmalprodukt gesehen wird. Kaufen, anziehen, wegwerfen.*

STYLEGUIDE

Der Aran-Pullover

Kleidung ist mehr als ein Stück Stoff, das wir anziehen, um nicht zu frieren, modisch unterwegs zu sein oder unserer Persönlichkeit Ausdruck zu verleihen. Kleidung kann auch ein Herz haben und eine Seele. Bestes Beispiel: die traditionellen Pullover aus Irland. Hineingeschlüpft und schon sind wir ganz woanders: an der irischen Steilküste, nah am Meer etwa. Wir schließen die Augen, wir riechen das Salz, wir spüren den Wind, der uns durch die Haare fährt und uns Strähnen vor die Augen bläst.

Vielleicht landen wir in Gedanken sogar auf den wilden, archaischen Aran-Inseln vor der irischen Westküste: Von dort stammen die Aran-Pullis mit ihren typischen Zopf- und Rautenmustern, dort wurden sie traditionell von Fischersfrauen von Hand gestrickt. Dabei hatte – ähnlich wie bei den schottischen Karos – jede Familie ihr eigenes Muster. Die Wolle war unbehandelt, die Pullover dadurch nahezu wasserdicht (aber auch sehr kratzig), sodass sie die Seeleute perfekt vor Wind und Wetter schützten. Anfang des 20. Jahrhunderts begann man, die Pullover aufs irische Festland zu verkaufen und ab den 1950er-Jahren wurden sie immer wieder auch von Schauspielerinnen und Musikerinnen getragen, bis sie dann irgendwann in den Kleiderschränken von Bill Clinton, Taylor Swift und Jessica Sarah Parker landeten. Und auf den Laufstegen in Paris, London, Mailand.

Der Aran-Pullover wärmt nicht nur, er vermittelt uns auch das unverwechselbare Irland-Feeling: naturnah, Wind und Wetter ausgesetzt, bodenständig. Wir wähnen uns auf der Grünen Insel: vielleicht an den berühmten Cliffs of Moher oder in einer kleinen, gemütlichen Kate zwischen sanften Hügeln, wo wir auf der knorrigen Bank neben der Tür sitzen, in die Sonne blinzeln und die Wolken vorbeiziehen sehen, während in der Ferne die Pferde auf der Koppel grasen oder eine Herde Schafe vorbeizieht …

Verstehen Sie nun, warum ein Aran-Pullover für mich zu den Key Pieces jeder Frau (und in diesem Fall sogar jedes Mannes) gehört? Weil er Herz und Seele wärmt!

WAS GIBT'S ZU BEACHTEN?

Das Material: Schurwolle, natürlich. Wem das zu kratzig ist, kann sich auch für einen Aran-Pullover aus oder mit Kaschmir, Merino, Alpaka oder sogar mit Baumwolle oder Seide entscheiden. Bei Merino- und Schurwolle bitte unbedingt auf den Vermerk »mulesing-frei« achten, damit Schafe für die Wollproduktion nicht unnötig gequält werden. Beim Mulesing wird die Haut rund um den Schwanz – in der Regel ohne Betäubung – entfernt, um Fliegenbefall zu verhindern.

Die Muster: Die Strickmuster von Aran-Pullovern sind legendär und es gibt sie in unzähligen Variationen. Dabei ließen sich die Strickerinnen von Motiven aus der Natur, der Schifffahrt und ihrem Alltag inspirieren. Bis heute werden zusätzlich zu den traditionellen auch immer wieder neue Dessins entworfen und umgesetzt.

WIE WIRD'S GESTYLT?

Tragen Sie Ihren Aran-Pullover …
klassisch: in feineren Wollqualitäten über einer Bluse und zur Stoffhose. Damit es nicht langweilig wirkt: eine auffällige Brosche (oder auch mehrere) aufstecken!
lässig: zu Jeans und festen Schnürschuhen; bei Regen auch mit Friesennerz oder Cabanjacke drüber.
extravagant: zu wadenlangem Tüllrock und Ballerinas – zugegeben, das ist ein bisschen gewagt, aber ein echter Hingucker!

WO KRIEGT MAN'S?

Fisherman out of Ireland: Gegründet 1992 sitzt Fisherman out of Ireland in Kilcar, Donegal, im äußersten Nordwesten der Insel, gleich in der Nähe der berühmten Slieve League Cliffs – und der Traditionsspinnerei Donegal Yarns. Das Unternehmensleitbild war von Anfang an, die traditionelle irische Strickkunst weiterzuentwickeln und zu modernisieren: Die Pullover sollten nicht kratzen und auch mehr Form haben. So wurden neue, weichere Garngemische verwendet und eine Kollektion für Damen entworfen. Fisherman out of Ireland fertigt seine Pullover aus (mulesing-freier) Schurwolle sowie Kaschmir, Alpaka, Yak und Mohair.
→ *fishermanoutofireland.com*

Inis Meáin: Namensgeberin für das Strickereiunternehmen ist Inis Meáin, eine der drei Aran-Inseln östlich der Hauptinsel. Hier wurde das Unternehmen im Jahr 1976 zunächst als Entwicklungsprojekt gegründet, um Arbeitsplätze zu schaffen und so den Wegzug der Bewohnerinnen einzudämmen. Bis heute legt Inis Meáin Wert auf faire und lokale Produktion, traditionelle Handwerks- und Strickkunst sowie hochwertige Wolle.
→ *inismeain.ie*

IrelandsEye: IrelandsEye wurde 1988 gegründet und ist eine der vier größten irischen Strickereien. Das Unternehmen fertigt in Dublin und schafft den Spagat zwischen traditionellem irischen Strick und modernem Lifestyle-Design. Neben Schurwolle und Kaschmir werden auch Baumwolle und Seide versponnen und verstrickt.
→ *irelandseyeonline.com*

Aran Sweater Market: Die Handelsplattform ist angetreten, um die traditionelle Aran-Strickkunst zu bewahren und es Strickereien gleichzeitig zu ermöglichen, ihre Produkte weltweit zu verkaufen. Auf der Seite erfährt man viel über die Geschichte der Aran-Inseln, über Clans und ihre traditionellen Strickmuster, über die Strickkunst auf den Aran-Inseln überhaupt. Wer selber stricken will, kann dort auch Wolle kaufen und sich traditionelle Strickmuster kostenlos downloaden.
→ *aransweatermarket.com*

Einkuscheln und wegträumen: In einem klassischen Aran-Pullover fühlt man sich ein wenig wie auf der Grünen Insel.

STYLEGUIDE

Das weiße T-Shirt

Weiße T-Shirts gehören so sehr zu unserem alltäglichen Leben, dass wir uns ihrer zumeist erst dann bewusst werden, wenn wir sie mit Tomatensoße bekleckert haben und nicht wissen, wie wir den Fleck entfernen sollen. Kennen Sie? Kennen Sie! Und doch: Obwohl kein anderes Kleidungsstück Make-up-, Lippenstift- und Soßenflecken so sehr anzieht und so oft gewaschen werden muss, lieben wir unser T-Shirt heiß und innig.

Seine Geschichte beginnt nicht mit Marlon Brando oder James Dean, wie gerne erzählt wird, die dem Kinopublikum der 1950er-Jahre darin ihren muskelgestählten Männerkörper vorführten. Nein, das T-Shirt gab es in seiner Urform bereits im Mittelalter, und es startete seine Karriere damals – Überraschung! – als Unterhemd. In der Neuzeit näherte es sich langsam der Form und dem Material an, in denen wir das T-Shirt heute kennen. Matrosen und Soldaten trugen es, zunehmend auch ›darüber‹, und ja, irgendwann dann eben auch Schauspieler, die ihre Maskulinität in den knappen Teilchen zur Schau stellten.

Lange galt das T-Shirt als ein wenig subversiv – Unterwäsche als Oberbekleidung? Rebellion! Viele Künstlerinnen liebten es aber gerade dafür. Und für die politischen Statements, die man en passant auf Brust oder Rücken abgeben konnte. Man stelle sich die Friedens- oder Anti-Atom-Bewegung ohne entsprechende Shirts vor!

Und heute? Heute eint fast kein Kleidungsstück die Gesellschaft so sehr wie die Liebe zum weißen Shirt. In allen sozialen Schichten und in allen Altersgruppen wird es von Frauen und Männern gleichermaßen getragen. Kein Wunder also, dass wir alle wohl mehr als nur ein weißes T-Shirt im Schrank haben, steht es neben dem Tragekomfort doch für Freiheit, Gleichheit, Unabhängigkeit, quasi für modische Demokratie. Was sind dagegen schon ein paar Soßenflecken oder Lippenstift-Ränder? Eben. Zumal ein bisschen Patina unserer Liebe zu T-Shirts noch nie geschadet hat. Im Gegenteil: Wer von uns hat kein uraltes, vom vielen Waschen verblichenes und ausgeleiertes, eigentlich nur noch zum Nachthemd taugendes T-Shirt im Schrank, das man vor vielen Jahren in New York, Rio, Tokio oder bei dem Konzert der damals absolut angesagtesten Band erstanden hat? Na? T-Shirts sind nun mal mehr als ein praktisches Kleidungsstück, sie sind ein Dokument unserer persönlichen Lebensgeschichte.

Giorgio Armani hat das weiße T-Shirt übrigens in einem Interview als »das Alpha und Omega des Mode-Alphabets« bezeichnet. Wenn das nicht Grund genug ist, einen kleinen Stapel davon im Schrank zu haben! Man weiß ja nie, wann sie mal wieder zum Fleckenfang werden.

WAS GIBT'S ZU BEACHTEN?

Das Material: Das klassische weiße T-Shirt ist aus Baumwolle, die weder zu dünn noch zu dick sein darf. Wenn Ihre Hand durch das Material sichtbar ist, sieht man auch Ihren BH! Shirts aus ägyptischer und merzerisierter Baumwolle wirken besonders hochwertig. Wem die Dehnbarkeit eines reinen Baumwoll-Jerseys nicht reicht, der kann sich auch für eine Elastan-Beimischung entscheiden. Aber Achtung, damit zeichnen sich nicht nur die Taille, sondern auch Fettpölsterchen deutlicher ab. Und man schwitzt darin auch eher.

Styleguide — Das weiße T-Shirt

Der Schnitt: Das perfekte T-Shirt ist weder zu eng noch zu weit und idealerweise nahtlos rundgestrickt. Es zeigt Ihre Taille, aber nicht mehr (und auf gar keinen Fall die Spitze Ihres Büstenhalters). Je länger die Ärmel sind, desto schmaler dürfen sie sein. Besonders feminin wirken kurze, relativ enge Ärmelchen, die die Schulter etwa handbreit überdecken. Und der Ausschnitt? Rund ist klassisch (aber bitte nicht zu knapp am Hals), doch der V-Ausschnitt kann schmeichelhafter sein, wenn man keinen Schwanenhals (mehr) sein Eigen nennt.

Das Darunter: Ein feines weißes oder hautfarbenes Unterhemd macht Ihr T-Shirt blickdicht. Allerdings geht damit auch die Lässigkeit, die T-Shirts auszeichnet, ein wenig verloren.

WIE WIRD'S GESTYLT?

Tragen Sie Ihr weißes T-Shirt …
 klassisch: statt Bluse zum klassischen Hosenanzug – dann aber unbedingt von hervorragender Qualität. V- oder halsferner Rund-Ausschnitt sowie etwas längere, schmale (aber nicht enge) Ärmel passen besonders gut.
 lässig: mit gekrempelten Ärmeln zu Jeans, Chinos oder einem weitschwingenden Sommerrock. Dazu Sandalen, Flipflops und Strohhut oder Sonnenbrille. Oder in der kühleren Jahreszeit mit einem schönen Tuch unter der Jeans- oder Lederjacke.
 extravagant: ein locker sitzendes T-Shirt zur Marlenehose und breitem Gürtel. Die perfekte Ergänzung: auffällige Schuhe oder Tasche.

WO KRIEGT MAN'S?

hessnatur: Der deutsche Eco-Fashion-Pionier aus dem hessischen Butzbach wurde 1976 vom Ehepaar Heinz und Dorothea Hess ins Leben gerufen – weil sie keine chemisch unbehandelte Babybekleidung für ihren neugeborenen Sohn fanden. In den 1990er-Jahren stellte das Unternehmen auf Bio-Baumwolle um, daraus werden auch die weißen T-Shirts gefertigt, die hessnatur im Angebot hat. Ein Teil der Shirts ist vegan.
→ *hessnatur.com*

Merz b. Schwanen: Ein neues altes Unternehmen, das 1911 auf der Schwäbischen Alb als Trikotagenfabrik gegründet und 2011 in Berlin wiederbelebt wurde. Produziert werden die klassischen Shirts aus hundert Prozent Bio-Baumwolle immer noch auf den alten Maschinen, was ihnen einen gewissen Retro-Charme verleiht. Getragen werden sie mittlerweile weltweit.
→ *merzbschwanen.com*

Trigema: Das Unternehmen stammt ebenfalls aus Schwaben und wurde 1919 gegründet. Heute ist es Deutschlands größter Hersteller von Sport- und Freizeitkleidung. Trigema produziert Bekleidung zum Teil ›Cradle to Cradle‹. Das heißt: Bei der Produktion fällt kein Abfall an und die Produkte aus hundert Prozent Bio-Baumwolle sind vollständig kompostierbar – auch die weißen T-Shirts.
→ *trigema.de*

Für Giorgio Armani ist es
das »Alpha und Omega
des Mode-Alphabets«:
das weiße T-Shirt.

PORTRÄT

Bibi Horst ist Bloggerin und inspiriert Frauen zu Schönheit und einem gesunden Körpergefühl.

Gutes Aussehen und ein fitter Körper machen glücklich. Davon ist Bibi überzeugt. Deshalb schreibt sie ihr eigenes Online-Magazin rund um Styling, Beauty und gesundes Älterwerden – um Frauen zu inspirieren, ihr schönstes Leben zu leben.

Porträt — Bibi Horst

> *Aussehen hat für mich auch sehr viel mit Glück zu tun.*

Wo Bibi Horst ist, da ist Schönheit, da ist Geschmack. Da ist die Stilsicherheit, die sofort weiß, was passt und was eben nicht. All das spürt man sogleich, wenn man Bibi begegnet. Ich treffe die gebürtige Kölnerin, die auch schon in Zürich, München und Ascona gelebt hat, an einem heißen Sommertag im Ferienhaus einer Freundin am Starnberger See. Jede andere Frau mit über 50 hätte barfuß und in kurzen Shorts – für ein Interview mit Fotoshooting wohlgemerkt – ein wenig deplatziert gewirkt. Nicht so Bibi. Der Look ist perfekt, und ein wenig neidvoll blicke ich auf ihre leicht gebräunten, schlanken Beine, die auch einer 35-Jährigen gehören könnten. Bibi schmunzelt, lächelt ihr typisch versonnenes Lächeln, als ich sie darauf anspreche: »Ich bin diszipliniert, und das sieht man auch.«

Bibi steht für einen Lebensstil, der Spaß macht, der Mode von ihrer besten Seite zeigt, der Frauen schön und zugleich gesund älter werden lässt. Denn einer Sache ist sich Bibi sicher: Aussehen und Glück haben viel miteinander zu tun. »Nur wenn ich mich rundum mag und mich gerne im Spiegel anschaue, bin ich auch mental im Gleichgewicht.« Aus diesem Grund hat sie 2017 ihr Online-Magazin *Schokoladenjahre* gegründet: als Hommage an uns Frauen und unser wunderbares Alter.

Schönheit in vielen Facetten ist ihr Leben, und zwar schon von Jugend an. Eigentlich, so erzählt sie, wollte sie Modedesign studieren. Die Eltern erlaubten es nicht, so wurde es Innenarchitektur und Interieur Design. »Während meiner Studienzeit in Florenz habe ich beim Couture-Haus Luisa Via Roma gejobbt und später meine Interior-Kunden auch in Modefragen beraten.« Mit 50 hängte sie die Innenarchitektur an den Nagel und orientierte sich neu: »Mit meinem Magazin *Schokoladenjahre* habe ich mir spät auch einen lang gehegten Lebenstraum erfüllt.«

Liebe Bibi, sind Mode und Stil Ausdruck deiner Persönlichkeit? Unbedingt! Was ich trage, drückt aus, wer ich bin und wie ich mich gerade fühle. Vielleicht ist Mode sogar mein Mittel,

---

BIBI

Lieblingsmarke
Prada

Stil-Ikone
Die mutige Iris Apfel

Lieblingsstil
Authentisch und immer mit einem Hauch Eleganz

Lieblingsteil im Kleiderschrank
Meine cognacfarbene Celine Tasche

Mantra
»Bleib immer du selbst!«

Seite 64 Schön und gesund älter zu werden ist für jede Frau möglich. Davon ist Bibi Horst überzeugt.

Rechts Modische Vorbilder? Hat Bibi nicht. Denn ihr Stil ist für sie Ausdruck ihrer eigenen Persönlichkeit.

Die beste Zeit für guten Stil

FÜNF KEY PIECES, DIE JEDE FRAU IM SCHRANK HABEN SOLLTE

Oben Das Geheimnis ihrer Schönheit: »Ich bin diszipliniert, und das sieht man auch.«

Eine weiße Bluse, aber bitte immer mit ausgefallenen Details wie langen Manschetten oder einem besonderen Kragen.

Ein schwarzes Kleid, da ist mir *Frühstück bei Tiffany* ein wunderbares Vorbild.

Schwarze Pumps, gerne männermordend spitz, mit Stilettoabsatz und markanter Schnalle.

Eine cognacfarbene Tasche, wie meine geliebte Celine Big Bag medium.

Jeans: Slim fit, leichter Destroyed Look und mit Vintage-Waschung.

um mein Inneres nach außen zu tragen. Deshalb habe ich auch keine modischen Vorbilder. Mein Look – das bin ganz ich.

Wie stehst du zu Trends? Sind sie dir wichtig? Überhaupt nicht. Trends sind zwar interessant anzuschauen, aber für mich komplett irrelevant. An allem, was jede trägt oder hat, verliere ich sofort das Interesse. Mein Stil ist losgelöst vom Mainstream und dem, was gerade angesagt ist.

Kaufst du lieber online oder im Geschäft mit persönlicher Beratung? Ich shoppe in der Tat sehr gerne online. Der Grund mag ein bisschen kurios klingen: Ich kaufe lieber ohne Beratung ein, das spart mir viel Zeit *(lacht)*. Den Handel liebe ich natürlich trotzdem. Ich mag die Begegnung mit Menschen, spontane Gespräche und auch die Möglichkeit, Kleidung vor Ort anzuprobieren und mich inspirieren zu lassen.

Was ist dir beim Einkaufen besonders wichtig? Vorweg: Ob etwas teuer oder günstig ist, bekannt oder no name, ist für mich absolute Nebensache. Ein Kleidungsstück oder ein Accessoire muss meine Seele berühren, das ist das Einzige, was zählt. Genau aus diesem Grund sind Trends für mich unwichtig, genau deshalb folge ich bei Kaufentscheidungen allein meiner Intuition und meinem Gefühl für meinen ureigenen Stil. Was auch wichtig ist: Ich denke schon beim Kaufen immer in Zusammenhängen. Das heißt: Auch bei einzelnen Teilen habe ich schon einen kompletten Look vor Augen. So vermeide ich auch Fehlkäufe.

Gibt es die bei dir überhaupt? *(Lacht)* Ja, einmal habe ich eine viel zu helle Jeans gekauft, die viel zu sehr auftrug.

Haben sich dein Geschmack und dein Stil im Laufe deines Lebens verändert? Auf jeden Fall. Meinen ureigenen Stil habe ich erst mit Mitte 40 entwickelt: Zu der Zeit fand ich endlich den Mut, mich von der Meinung anderer und auch von Modetrends zu lösen. In den letzten Jahren, verstärkt auch durch meine Arbeit in den sozialen Medien, bin ich noch experimentierfreudiger, mutiger und eigenständiger geworden.

Was möchtest du Frauen über 45 in puncto Mode mitgeben? Macht euer eigenes Ding. Seid kreativ, intuitiv, mutig, losgelöst vom Mainstream – aber bleibt selbstkritisch. Vor allem: Habt Spaß am eigenen Styling und am Blick in den Spiegel!

> *Erst mit Mitte 40 habe ich den Mut zu meinem eigenen Stil gefunden.*

STYLEGUIDE

Die Sonnenbrille

Sonnenbrillen wurden erfunden, um unsere Augen vor grellem Sonnenlicht und UV-Strahlung zu schützen und Zwinkerfältchen zu vermeiden? Aber nein! Zumindest nicht nur. Sonnenbrillen sind wahre Helferinnen in der Not – schützen sie uns doch in emotionalen Momenten vor den Blicken anderer, verdecken verquollene und gerötete Augen nach einer vor lauter Liebeskummer durchweinten Nacht, und sie sind unsere Tarnkappe, wenn wir nicht erkannt werden wollen (das ist übrigens der Grund, warum in manchen Ländern Sonnenbrillen beim Betreten von Banken abgenommen werden müssen, und durch die Passkontrolle kommen Sie damit natürlich auch nicht). Die dunklen Gläser können aber noch mehr: Das richtige Modell macht jeden Look ein Quäntchen cooler, lässiger, besonderer. Und: Sonnenbrillen machen uns schöner und selbstbewusster. Das ist sogar wissenschaftlich erwiesen!

Ob es diese Gründe sind, die Sonnenbrillen in Hollywood so beliebt machten? Denkbar wär's – denn die Sonnenbrille gehörte bei vielen Produktionen zu den populärsten Accessoires: Bette Davis etwa hatte 1941 in *Vertauschtes Glück* eine extravagante kreisrunde Sonnenbrille auf der Nase; Grace Kelly ist ohne ihr weiß umrandetes Gestell in *Über den Dächern von Nizza* (1955) nicht vorstellbar und Julia Roberts versteckt ihren Promistatus dahinter höchst gekonnt in *Notting Hill* (1999) – in vielen Filmen spielten Sonnenbrillen mindestens eine Nebenrolle.

Oder denken wir an den Kult-Streifen *Blues Brothers* von 1980. Seitdem wissen wir, dass wir Sonnenbrillen nicht nur bei Sonnenschein, sondern zu jeder Tageszeit und in praktisch jeder Lebenslage tragen können, auch mitten in der Nacht.

Eine Erfindung der Neuzeit sind Sonnenbrillen übrigens nicht. Angeblich nutzte schon Kaiser Nero grüne Smaragdsteine gegen zu grelles Sonnenlicht, und die Inuit schnitzten brillenartige Gestelle mit einem Sehschlitz, um sich gegen Schneeblindheit zu schützen. Bereits im 18. Jahrhundert gab es erste Sonnenbrillen, aber erst die Industrialisierung machte sie massentauglich. Mitte der 1930er-Jahre kam dann die Aviator auf den Markt, die unter dem Markennamen Ray-Ban bis heute produziert und mit ihren grünen Gläsern weltweit als die Fliegerbrille schlechthin getragen wird. Gemeinsam mit der klassischen Wayfarer, ebenfalls von Ray-Ban, ist sie die meistverkaufte Sonnenbrille überhaupt.

Studien belegen übrigens, dass Sonnenbrillen unser Gesicht symmetrischer erscheinen lassen, und dadurch auch ästhetischer und schöner. Je größer die Brille, desto stärker ist der Effekt. Bevor Sie also über eine ästhetische Behandlung beim Dermatologen nachdenken, kaufen Sie sich doch einfach eine Diva-Sonnenbrille mit großen Gläsern ...

WAS GIBT'S ZU BEACHTEN?

Das Material: Sonnenbrillen sind nicht nur ein schickes Accessoire – sie sollen unsere Augen schützen. Die Gläser sollten deshalb unbedingt UV-Licht filtern. Andernfalls ist die Sonnenbrille sogar schädlich für die Augen. In Deutschland kann man sich dabei an der CE-Kennzeichnung auf der Innenseite der Bügel orientieren. Brillen, die das CE-Zeichen tragen, garantieren einen guten UV-Schutz. Wie stark die Gläser getönt sind, ist für diesen Schutz übrigens nicht relevant.

Styleguide — Die Sonnenbrille

Die Form: Jeden Sommer wieder können wir lesen, welche Sonnenbrille zu welcher Gesichtsform am besten passt. Danach dürfte ich mit meinem runden Gesicht auf gar keinen Fall eine runde Brille tragen. Und nun raten Sie einmal, welche Form meine Lieblingssonnenbrille hat – genau! Regeln sind eben dazu da, um gebrochen zu werden. Das gilt auch bei Sonnenbrillen. Eine Regel sollten Sie dennoch beachten: Wer die Sonnenbrille nicht nur als Accessoire, sondern auch zum Schutz der Augen aufsetzt, sollte sie nicht zu klein wählen. Mindestgröße: Bis zu den Augenbrauen und bis zum seitlichen Gesichtsrand.

WIE WIRD'S GESTYLT?

Tragen Sie Ihre Sonnenbrille ...
   klassisch: mittelgroßes bis großes Gestell, dunkles Glas, schlichte Form – passt perfekt zum eleganten Sommerkleid oder auch zum Hosenanzug. An einer klassischen und zeitlosen Sonnenbrille werden Sie lange Freude haben. Die Wayfarer von Ray-Ban ist ein solcher Klassiker.
   lässig: Farbig getönte oder verspiegelte Gläser oder auch eine Pilotenbrille (etwa die Aviator) passen perfekt zu Jeans, Chinos und T-Shirt.
   extravagant: auffällige Formen und Farben, markante Cat Eyes oder mit Strass besetzte Gestelle – extravagante Sonnenbrillen wirken am besten bei einem sonst eher reduzierten Look.

WO KRIEGT MAN'S?

Ray-Ban: Der Unternehmensname ist Programm: Ray-Ban bedeutet auf Deutsch so viel wie Strahlenschutz und genau dazu wurde das Unternehmen 1937 gegründet: um Piloten vor den intensiven Sonnenstrahlen in Flughöhe zu schützen. Im selben Jahr wurde das Modell Aviator mit grünen Gläsern eingeführt. Es ist bis heute noch am Markt und gehört neben der Wayfarer zu den meistverkauften Brillen weltweit.
→ *ray-ban.de*

Rodenstock: Das deutsche Traditionsunternehmen für Brillengläser und -fassungen gibt es seit 1877. Das Rodenstock-Sortiment umfasst klassische bis sportlich-elegante Fassungen mit hochwertigen Gläsern.
→ *rodenstock.de*

MYKITA: MYKITA wurde 2003 in Berlin in einer alten Kindertagesstätte gegründet – daher der Name. Bis heute werden die markanten und dennoch tragbaren Gestelle in Berlin entworfen und die Brillen handgefertigt. Bekannt wurde das Label durch Sarah Jessica Parker, die im Kinofilm *Sex and the City 2* eine goldene Pilotenbrille von MYKITA trägt.
→ *mykita.de*

Neubau Eyewear: Das Unternehmen aus Wien verbindet Nachhaltigkeit mit urbanem Lifestyle. Die Sonnenbrillen sind klassisch-elegant mit dem gewissen Etwas und werden in Österreich umweltfreundlich aus innovativen natürlichen Rohstoffen und Materialien (etwa aus dem Öl der Rizinusbohne) produziert.
→ *neubau-eyewear.com*

Monkeyglasses: Diese Firma aus Dänemark fertigt seit 2009 umweltfreundliche Sonnenbrillen, zum Beispiel aus Baumwollacetat, einem nachwachsenden Werkstoff aus Baumwollblüten und Holz. Monkeyglasses setzt auf natürliche, nachwachsende Rohstoffe, Zero Waste sowie Recycling und folgt auf der gesamten Wertschöpfungs- und Lieferkette den UN Global Compact Guidelines zur sozialen Verantwortung von Unternehmen.
→ *monkeyglasses.com*

Drama, Baby, Drama: Die Sonnenbrille von Rodenstock schützt die Augen und macht uns zur Diva.

STYLEGUIDE

Das Streifenshirt

Selbst Frauen ohne Hang zu Haute Couture und Luxusmode dürften einen typischen Chanel-Look ihr Eigen nennen: die Marinière, auch Breton-Shirt genannt. Das Streifenshirt hat in den vergangenen Jahren ein unglaubliches Revival erlebt und ist aus unserer Garderobe kaum wegzudenken – völlig zu Recht. Kaum ein Kleidungsstück ist so zeit- und alterslos, kann zugleich unschuldig und sexy wirken und sowohl zur Gartenarbeit als auch zur Sommerparty getragen werden. Und es muss auch nicht immer nur mit Jeans, Chinos oder Shorts kombiniert werden, schmale oder weitschwingende Röcke – sogar mit Blumenmuster – können ebenfalls wunderbar dazu funktionieren. Nur zu Bermudas ... passt das Breton-Shirt nicht ganz so gut.

Apropos Coco Chanel: Ihr wird die Erfindung der Marinière ja gerne zugeschrieben. Stimmt nicht! Sie hat die Matrosenkluft während ihrer Sommerfrische an der bretonischen Küste von der französischen Marine stibitzt. Und diese wiederum hat den Look von bretonischen Fischersfrauen abgeschaut, die für ihre Männer Wollpullis strickten, damit sie sich an Bord auf stürmischer See nicht erkälteten. Die Streifen waren eine Sicherheitsmaßnahme: Ging ein Mann über Bord, konnte man ihn wegen der Farbkontraste besser erkennen. Später führte Napoleon die Hemden für seine Marine ein, dann schon aus fest gewebten Stoffen. Angeblich stehen die 21 weißen Streifen für die Siege Frankreichs über Großbritannien.

Nach der Marine kam dann aber Anfang des 20. Jahrhunderts tatsächlich Mademoiselle Chanel, die das Shirt mit bis dato ungekannter Nonchalance trug. Sie hat das Streifenshirt für Frauen salonfähig gemacht, indem sie es mit weiten dunklen Hosen kombinierte – ein Look, der bis heute zu den Klassikern gehört, die jede Frau im Schrank haben sollte. Die Marinière zu schwarzer Marlenehose und Segelschuhen, dazu ein keckes rotes Nickituch ... lässig-eleganter kann frau kaum unterwegs sein (wenn man von Audrey Hepburn absieht, die ihr Streifenshirt mit Caprihose und Ballerinas trug).

Von Existenzialistinnen, Künstlerinnen, Schriftstellerinnen und Schauspielerinnen promotet schwappte das Streifenshirt in den Ausklängen des 20. Jahrhunderts irgendwann dann auch aufs gemeine Volk über. Auf uns, auf Sie und mich. Und bis heute macht es uns jedes Jahr von April bis in den Oktober hinein Freude: weil es von so unglaublich eleganter Leichtigkeit ist, die wirklich nur Französinnen erfinden können. Und den Rest des Jahres? Lässt es uns träumen und erinnert uns an den Urlaub am Meer!

WAS GIBT'S ZU BEACHTEN?

Das Material: Die Marineshirts aus der Bretagne werden traditionell aus strapazierfähigem und schweren Baumwolljersey gefertigt. Ursprünglich trafen genau 21 marineblaue Streifen von zehn Millimeter Breite auf 21 doppelt so breite Streifen in Weiß. Heute sieht man es nicht mehr ganz so eng – weder die Streifenbreite noch die Farbe. Nach wie vor gelten Rot, Blau und Weiß aber als die klassischen (und beliebtesten) Farben für ein Breton-Shirt.

Der Schnitt: Breton-Shirts sind üblicherweise körpernah geschnitten und haben Dreiviertelärmel. Sie reichen etwa bis zur Hüfte und sind an der Seite zirka eine Handbreit geschlitzt.

Typisch ist der U-Boot-Ausschnitt. Wer es weniger traditionell mag, entscheidet sich für Streifen-Shirts mit kurzem Arm und Rund-, V- oder Trapez-Ausschnitt.

WIE WIRD'S GESTYLT?

Tragen Sie Ihr Streifenshirt …
    klassisch: zu weißer Hose, dunkelblauer Cabanjacke und Segelschuhen oder Slippern.
    lässig: zu beigen Shorts und geblümten Flipflops. Dazu eine Basttasche, Strandtuch – und ab ans Meer!
    extravagant: zu dunkler Marlenehose, breitem Gürtel und Biker-Jacke. Oder auch – mit stilistischem Feingefühl – zu wadenlangem, geblümtem Rock und Ballerinas.

WO KRIEGT MAN'S?

Saint James: Die Strickerei Saint James wurde 1850 im französischen Örtchen Saint James gegründet. Das liegt zwar nicht in der Bretagne (die den Breton-Shirts den Namen gab), sondern in der Normandie, aber … ach, egal! Bis heute fertigt Saint James in dem Dorf am Atlantik. In jedes Shirt fließen stattliche 23 Kilometer Baumwollgarn. Weshalb die Dinger ewig halten.
→ *saint-james.com*

Armor lux: Seit 1938 stellt die Traditionsmarke Armor lux in der Bretagne hochwertige Marinières mit den traditionellen Streifen in Weiß, Blau und Rot her. Der Name leitet sich von bretonisch *Armor* für Küste und Meer und lateinisch *lux* für Licht ab.
→ *armorlux.com*

Petit Bateau: Ein Kinderreim gab dem französischen Unternehmen im Jahr 1918 seinen Namen, und die ersten acht Jahrzehnte seines Bestehens ging es bei Petit Bateau auch ausschließlich um die Fertigung von Kinderkleidung und -wäsche. Erst als Karl Lagerfeld Mitte der 1990er-Jahre seine Muse Claudia Schiffer mit einem (Kinder-)Shirt des Labels unter ihrer Anzugjacke auf den Laufsteg schickte, lief wegen der großen Nachfrage die Produktion für Erwachsene an. Dazu gesellten sich im Laufe der Jahre auch die typisch französischen Streifenshirts.
→ *petit-bateau.de*

Boden: Obwohl das britische Mode-Unternehmen (gegründet von einem Mister Boden im Jahr 1991) von der anderen Seite des Kanals stammt: Breton-Shirts kann das Label durchaus! Manche sind ganz klassisch designt, andere werden neu und farbiger interpretiert.
→ *bodendirect.de*

Nicht nur für Matrosen auf Landgang: Das Breton-Shirt ist ein Klassiker für viele Gelegenheiten.

PORTRÄT

Stephanie Grupe ist die Modeflüsterin und macht Frauen mit ihrer Akademie glücklich.

Nach einigen beruflichen Umwegen hat Stephanie ihre Leidenschaft für Stil und Mode zum Beruf gemacht. Als Modeflüsterin unterstützt sie Frauen über 40 dabei, glücklich zu werden.

Porträt — Stephanie Grupe

> *Jede Frau hat ihren eigenen Stil. Sie muss nur lernen, wie sie ihn sichtbar macht.*

Wäre es nicht bereits geschehen, müsste man sie erfinden: die Online-Modeakademie *Modeflüsterin* für Frauen über 40. Die Modeflüsterin, das ist Stephanie Grupe, die ich in ihrer Wohnung am Starnberger See treffe. Auf dem Balkon steht ein Strandkorb – das einzige spielerische Element in der sonst minimalistischen und reduzierten Wohnung. »Ich mag's gerne klar und schnörkellos – in der Mode ebenso wie beim Interieur!«, lacht Stephanie. Für Frauen, die in Geschmacks- und Stilfragen nicht so sicher sind wie sie, hat sie vor einigen Jahren ihre Akademie gegründet. Hier lassen sich Mode und Stil regelrecht ›lernen‹, sei es durch Onlinekurse, Fachbeiträge und E-Books oder auch im Austausch mit Gleichgesinnten. Vor allem wendet sich Stephanie damit an Frauen, die nicht dem gängigen Schönheits- und Schlankheitsideal und dem herrschenden Jugendwahn entsprechen. »Es macht mich glücklich, wenn Frauen erkennen, wie attraktiv sie sind – egal wie alt sie sind und wie viele Kilos die Waage gerade anzeigt. Und dass es modisch gesehen dazu nicht viel braucht – aber eben das Richtige.«

Der Weg von der Jugend im Tennis-Leistungssport über die erfolgreiche PR-Managerin bis zur Modeflüsterin war lang und voller Umwege. Dabei war Mode immer schon ihre Leidenschaft und Modedesignerin ihr Berufswunsch. Aber dann studiert sie doch Amerikanistik, Politik und Psychologie, macht Öffentlichkeitsarbeit für Medien- und Finanzunternehmen, arbeitet als Dozentin, schreibt Fachbücher.

Die überschüssige Kreativität fließt über viele Jahre in ihre zweite Leidenschaft: das Malen. »Ich habe mich als Künstlerin ausgetobt, sogar Ausstellungen gegeben – ich habe so viele Bilder im Kopf.« Bis heute findet man in ihrer Online-Akademie kaum Fotos, sondern überwiegend Illustrationen, von

---

STEPHANIE

Lieblingsmarke
Jil Sander (als sie die Marke noch selbst designte) und Max Mara

Stil-Ikone
Carolyn Bessette-Kennedy

Lieblingsstil
Easy Chic

Lieblingsteil im Kleiderschrank
Meine Blazer

Mantra
»Es sind die liebenswerten Unperfektheiten, die eine Frau einzigartig machen – und einzigartig attraktiv!«

Seite 78 Von der erfolgreichen PR-Frau zur Modeflüsterin: Stephanie Grupe macht Frauen modisch glücklich.

Rechts Lieber weniger als mehr, dafür hochwertig. Nach manchen Kleidungsstücken sucht Stephanie monate- oder gar jahrelang.

Die beste Zeit für guten Stil

Porträt — Stephanie Grupe

FÜNF KEY PIECES, DIE JEDE FRAU IM SCHRANK HABEN SOLLTE

Oben »Es macht mich froh, wenn Frauen erkennen, wie attraktiv sie sind – trotz ein paar Falten im Gesicht oder Kilos auf den Hüften.«

Keine. Jede Frau hat andere Key Pieces, mit denen sie ihren Stil umsetzt. Für die eine ist es die Bikerjacke, für die andere ein florales Maxikleid, für wieder eine andere der Bleistiftrock oder der Oversize-Pullover. Was viel wichtiger ist, ist ein sinnvoller Aufbau der Garderobe mit genau den Teilen, die den Stil der jeweiligen Frau widerspiegeln.

Stephanie selbst gezeichnet. »Als sich mit Mitte 40 mein Körper langsam veränderte, spürte ich, dass ich aus der Zielgruppe der Modebranche herausgefallen war. Dort dreht sich alles nur um junge und sehr schlanke Menschen. Und ich war weder das eine noch das andere.« Vielen anderen Frauen ging es ähnlich, merkte Stephanie. »Das war der Startschuss für mein Modeblog *Die Modeflüsterin. Stil für starke Frauen* im Jahr 2012.«

Schnell wurde *Die Modeflüsterin* erfolgreich – so erfolgreich, dass Stephanie das Blog 2018 in einen Club und 2020 in eine Modeakademie umwandelte. Im Laufe der Jahre ist es immer mehr zu Stephanies Mission geworden, Frauen über 40 zu zeigen, dass gutes Aussehen und Ausstrahlung nichts mit Modelfigur und Faltenfreiheit zu tun hat – sondern mit Stil und Persönlichkeit. »Jede Frau ist schön, und dennoch sind so viele mit sich unzufrieden, weil ihr Körper nicht derzeitigen Idealen entspricht. Genau diese Haltung will ich als Modeflüsterin ändern.« Jede Frau habe ihren Stil, der müsse nur entdeckt werden. Und das sei durchaus auch eine Reise zu sich selbst, zum Kern der eigenen Persönlichkeit.

> *Stilfindung ist immer auch ein Stück Selbsterkenntnis. Eine Reise zu sich selbst.*

Sich damit auseinanderzusetzen, das bringe einen auch als Mensch weiter.

Ihren eigenen Stil hat Stephanie schon lange gefunden: Pur, strukturiert, klar, unkompliziert. Easy Chic. Wichtig ist ihr vor allem eine herausragende Qualität. »Ich habe große Freude an hochwertiger Schneiderkunst. Raffinierte Schnitte und besondere Stoffe bringen mich zum Schwelgen.« Nach solchen Stücken sucht sie auch gerne lange, Monate, manchmal sogar Jahre. »Lieber weniger, dafür aber beste Qualität zu kaufen – das ist mein Ansatz.« Dass die derzeit vorherrschende gedankenlose Shopping-Mentalität mit immer rasanteren Produktionszyklen und Fast Fashion mit schnellem Verfallsdatum sie abstoßen, versteht sich von selbst. »Nachhaltig einzukaufen beginnt immer mit der Frage: Brauche ich etwas wirklich? Und wenn ja, was genau? Erst wenn ich diese Fragen beantworten kann, kaufe ich – und zwar in der besten Qualität, die ich mir leisten kann, und trage das Stück auch ewig.«

Was sie Frauen ab 45 in puncto Mode mit auf dem Weg geben möchte, frage ich zum Schluss unseres Gesprächs: »Versteckt euch nicht! Zeigt euch stolz und selbstbewusst mit all euren Unperfektheiten und Pölsterchen!«, ist Stephanies Antwort. Und: »Lasst euch nicht vom Jugend- und Schlankheitswahn oder von der inneren Kritikerin davon abhalten, das anzustreben und auszuleben, was ihr euch wünscht! Und das gilt nicht nur für Mode.«

STYLEGUIDE

Der Trenchcoat

Trenchcoats üben auf uns Frauen eine besondere Faszination aus – nicht nur, wenn Männer sie tragen. Liegt's vielleicht an Humphrey Bogart, der in *Casablanca* seine große Filmliebe Ingrid Bergman in einem Trenchcoat unwiderstehlich »Good Bye« küsste? Oder ist Catherine Deneuve schuld, die als *Belle de Jour* in einem schwarzen Trenchcoat (von Yves Saint Laurent) ein erotisches Geheimnis verbarg? Sicher ist: Marlene Dietrich, Greta Garbo, Audrey Hepburn, Brigitte Bardot, ja, selbst Marylin Monroe trugen ihn. Und kein wirklich großer Star kam ohne Trenchcoat-Filmszene aus.

Vielleicht liegt es aber auch daran, dass es wenige Kleidungsstücke gibt, in denen wir Frauen zerbrechlicher wirken als in einem klassischen, womöglich übergroßen Trench. Dabei war der Trenchcoat ursprünglich nur für Männer gedacht: als Schutzmantel für englische Soldaten im Schützengraben (= englisch *trench* – daher der Name). Wer nun genau die Erfinderin des Trenchcoats war, bleibt ein Mysterium der Modegeschichte: Gleich zwei britische Unternehmen – Burberry und Aquascutum – erheben Anspruch darauf. Welche der beiden Firmen das bessere Marketing hatte, muss ich wohl nicht erwähnen: Während Burberry zu den derzeit angesagtesten Modelabels überhaupt gehört, hat einen Trenchcoat vom Konkurrenten Aquascutum, so weiß *The Guardian*, seit Margaret Thatcher kein Promi mehr getragen.

Dass man den Trenchcoat nicht schließt, sondern lieber offen trägt und den Gürtel salopp hängen lässt, gilt als die wichtigste Trenchcoat-Stilregel – dabei sieht er gerade geknöpft und eng gegürtet besonders gut aus, verleiht er doch allen Frauen die Kurven genau da, wo wir sie haben wollen. Der Gürtel darf natürlich niemals über die Schnalle geschlossen, sondern muss doppelt geknotet werden. Der Grund? Ein Rätsel – wie es zum Trenchcoat passt. Ob in Beige, Oliv, Schwarz oder in einer anderen Farbe, ist unerheblich. Wichtig sind seine klassischen Merkmale: Schulterklappen, Gürtel und ausgeprägte Gürtelschlaufen. Erst sie machen aus einem mehr oder weniger belanglosen Allwettermantel einen Trenchcoat.

Als Studentin erlebten mein Geldbeutel und ich die Faszination Trenchcoat übrigens am eigenen Leib: Gleich in den ersten Wochen begegnete ich *dem* Trenchcoat – leider im teuersten Laden der Stadt. Ich kaufte ihn trotzdem und hungerte den restlichen Monat. Bereut habe ich den Kauf nie, denn ich trug den Mantel jahrelang. Bis er – ganz *Casablanca* – irgendwann aus meinem Kleiderschrank (und meinem Leben) verschwand …

WAS GIBT'S ZU BEACHTEN?

Das Material: Der klassische Trenchcoat ist aus beigem oder olivfarbenem Gabardine, einem Stoff, der aufgrund seiner speziellen Webart besonders fest, strapazierfähig und wasserabweisend ist. Zusätzlich wird Gabardine noch imprägniert – denn traditionell ist der Trenchcoat ein Mantel, der gegen Regen und Wind schützen soll. Mittlerweile werden Trenchcoats aber in ganz unterschiedlichen Materialien gefertigt, sogar aus leichten und glänzenden Stoffen.

Der Schnitt: Der Trenchcoat wurde ursprünglich als Funktionsmantel konzipiert, und das sieht man bis heute: Klassisch wird er knielang getragen und durch eine doppelreihige Knopfleiste geschlossen (wenn er denn geschlossen wird). Der sogenannte Koller über der Schulter schützt zusätzlich vor Regen, die Schulterklappen zierten früher Rangabzeichen. Und natürlich der breite Gürtel, der trotz Schnalle nur geknotet wird – aber das wissen Sie ja schon.

Der Anlass: Jeder, wortwörtlich. Sie brauchen nicht mal Regen dazu. Sie können den Trenchcoat sowohl ins Büro als auch in der Freizeit und sogar zu einer Cocktail-Einladung tragen. Nur zu Hochzeits- und Abendkleidern passt er nicht – außer er wird Ihnen von einem Gentleman zum Schutz vor einem plötzlichen Regenguss über die Schultern gelegt.

WIE WIRD'S GESTYLT?

Tragen Sie Ihren Trenchcoat …
 klassisch: bei Wind und Wetter und Wolkenbrüchen. Geschlossen.
 lässig: zu Jeans oder Chinos und Sneakers. Dann auf jeden Fall offen und den Gürtel baumeln lassen.
 extravagant: als Kleid aus fließender Seide und gegürtet ins Theater. High Heels nicht vergessen!

WO KRIEGT MAN'S?

Burberry: Ob Burberry den Trenchcoat nun wirklich erfunden hat oder nicht – der Name steht dafür wie kein anderer. Gegründet wurde das Label von Thomas Burberry 1856 in Basingstoke im südenglischen Hampshire; dort hat er auch den Gabardine entwickelt, den strapazierfähigen Stoff, aus dem klassische Trenchcoats gefertigt werden. Typisch Burberry: das Innenfutter mit patentiertem Karomuster.
→ *burberry.com*

Aquascutum: Aquascutum ist die zweite Anwärterin auf die Erfindung des Trenchcoats. Das Unternehmen stammt ebenfalls aus England und wurde Mitte des 19. Jahrhunderts gegründet. Auch Aquascutum entwickelte einen Stoff, der vor Regen schützen sollte – wir befinden uns schließlich in England – und dem Unternehmen seinen Namen gab. Heute ist die Marke außerhalb Großbritanniens vergleichsweise unbekannt. Vor einigen Jahren wurde das Unternehmen von einem chinesischen Textilkonzern übernommen und ist seit Kurzem insolvent.
→ *aquascutum.com*

Landi: Ein Trenchcoat aus dem sonnigen Italien? Ja! Das Traditionsunternehmen Landi aus der Nähe von Florenz produziert seit den 1940er-Jahren hochwertige Regenkleidung für Damen und Herren. Der Trenchcoat trägt den klangvollen Namen *l'impermeabile* (der Undurchlässige) und wird seit 1948 aus hochwertigem Gabardine gefertigt. Den Damen-Trenchcoats verleiht die italienische Herkunft Raffinesse und das gewisse Etwas.
→ *landicollezioni.com*

Trench London: Dass schöne und hochwertige Trenchcoats nicht nur von Traditionsunternehmen gefertigt werden können, beweist das junge britische Label Trench London. Trench London schafft den Spagat zwischen klassischem Design und moderner Interpretation.
→ *trenchlondon.com*

Faszination Trenchcoat:
von den Schützengräben
auf die Laufstege der Welt.

STYLEGUIDE

Die Jeansjacke

Natürlich kann man ohne Jeansjacke durchs Leben gehen. Aber warum sollte man? Mit ihr ist es doch um einiges einfacher! Die Jeansjacke knittert nicht, wird faktisch nicht schmutzig, weil jeder Fleck wie gewollt aussieht, und sie passt fast immer und überall – zum Sommerkleid, zum Bleistiftrock mit weißer Bluse und mit etwas Chuzpe und Extravaganz auch zum Abendkleid. Und sie kommt, glaubt man den letzten 60 bis 70 Jahren, nie aus der Mode. Das muss ein Kleidungsstück erst mal schaffen!

In ihren Anfangsjahren war die Jeansjacke Arbeitskluft, später – in den 50er-, 60er-, 70er-Jahren – ein Zeichen von Rebellion. Arbeiterinnen trugen sie ebenso wie Schauspielerinnen und Musikerinnen, jung wie alt. Selbst vor größeren Größen macht diese Jacke nicht halt! Eine für alle, alle für eine – auf wenige andere Kleidungsstück passt dieser Spruch so sehr wie auf die Jeansjacke.

Und wer hat sie erfunden? Natürlich: Levi Strauss! Er entwickelte die Jacke Ende des 19. Jahrhunderts zunächst für die arbeitende Bevölkerung im Berg- und Straßenbau sowie Cowboys, die das Stück für seine Robustheit und Bewegungsfreiheit schätzten. Die Ur-Jeansjacken waren dabei, als die ersten Highways geteert und Eisenbahnschienen durch den Mittleren Westen der Vereinigten Staaten gelegt wurden. Die Weiterentwicklungen der Jacke bekamen eher spröde Namen wie Type I (1905), Type II (1953) und Type III (1967).

Letztere avancierte zu jener ikonischen Jeansjacke, die auch heute noch getragen wird. Apropos getragen: Erst die Abnutzung verleiht diesen Jacken ihren persönlichen Charakter, und jeder Fleck, jeder Riss steht für (oder suggeriert?) bestandene Abenteuer. Flicken überdecken Löcher, die es womöglich gar nicht gibt, bestickte Patches aus aller Welt verleihen uns den Nimbus von Weltenbummlerinnen – wer weiß schon, dass man den Sticker mit »Annapurna« oder »Acapulco« im gut sortierten Kurzwarenladen um die Ecke kaufen kann ... In einer Jeansjacke sind wir wieder Anfang 20, als das Teil bei den Interrailtouren eine unentbehrliche Begleiterin war – nicht nur als Kleidungsstück, sondern auch als Kopfkissen auf hartem Boden. Außerdem konnte man sie vier Wochen (und länger) tragen, ohne sie zu waschen.

Es ist übrigens kein Gerücht, dass gerade die Pariserinnen Jeansjacken besonders lieben. Was nicht verwunderlich ist: Steht sie doch für Nonchalance, Lässigkeit, Understatement und verleiht ungewöhnlich kombiniert das gewisse Etwas. Womit wir bei der Kombination wären, die Sie besser lassen sollten: Jeansjacke zur Blue Jeans – Double Denim – sieht nur an Mädchen und sehr jungen Frauen gut aus. Ausnahmen bestätigen die Regel. Wie immer.

WAS GIBT'S ZU BEACHTEN?

Das Material: Denim, was sonst. Wer es klassisch mag, entscheidet sich für hundert Prozent Baumwolle, wer es weicher und komfortabler mag, nimmt eine Mischung mit Elastan. Und die Farbe? Wenn Sie nur eine Jeansjacke im Schrank haben (wollen), dann nehmen Sie klassisches Jeansblau, denn das bleibt immer in Mode. Für die Zweit- oder Drittjacke darf's ruhig ein bisschen bunter sein.

Der Schnitt: Die klassische Jeansjacke ist gerade geschnitten und reicht etwa bis zur Hüfte.

Aber auch kürzer und tailliert sieht toll aus – etwa zu einem schwingenden Rock oder einer weiten Hose. Wer es sehr lässig mag oder die Jeansjacke auch über dicke Wollpullis trägt, wählt die Oversize-Variante.

Die Umwelt: Auch wenn in puncto Umwelt in den letzten Jahren einiges in Bewegung geraten ist und sich Produktionsprozesse und Lieferketten langsam zum Besseren verändern – umwelt- und menschenfreundlich ist die Herstellung von Jeans (Jacke wie Hose) noch lange nicht. Achten Sie auf Öko-Siegel wie GOTS (Global Organic Textile Standard) oder IVN (Internationaler Verband der Naturtextilwirtschaft), die die ganze Lieferkette im Auge haben! Jeansjacken kann man übrigens sehr gut gebraucht kaufen: Der Used Look ist dann ehrlich erworben. Und ist es nicht spannend sich vorzustellen, was für eine bewegte Geschichte Ihre neue gebrauchte Jeansjacke schon hinter sich haben mag?

WIE WIRD'S GESTYLT?

Tragen Sie Ihre Jeansjacke …
    klassisch: zu einer schmalen schwarzen Stoffhose und einem schwarzen Rollkragenpulli. Dazu Ballerinas, Mokassins oder auch Boots. Perfekt außerdem mit Crossbody-Bag (Umhängetasche mit schräg über dem Oberkörper getragenem Gurt) in einer Kontrastfarbe.
    lässig: tailliert zu einem weitschwingenden geblümten Sommerrock und weißem T-Shirt. Dazu Segelschuhe oder Leinen-Sneakers.
    extravagant: zu Glitzer-Top und Hose aus schwarzem Satin oder zu einem schlichten Slip Dress aus glänzender Seide. Hohe Schuhe mit Strassbesatz sind das Tüpfelchen auf dem i. Wer das Schuhwerk lieber klassisch und schlicht mag, pimpt stattdessen die Jeansjacke mit einer Chanel-Kamelie oder ein paar Broschen auf.

WO KRIEGT MAN'S?

Levi's: Der Erfinder der Jeansjacke darf natürlich nicht fehlen. Mehr Informationen zum Klassiker der Jeansmode finden Sie bei den Jeans auf Seite 34.

Wrangler: Fast ebenso ikonisch wie Levi's sind die Jeansjacken von Wrangler. Mehr Informationen ebenfalls bei den Jeans auf Seite 34.

Nudie Jeans: Das Modeunternehmen aus Schweden wurde 2001 in Göteborg gegründet und bietet ein großes Sortiment an nachhaltiger und umweltfreundlicher Jeansmode, darunter auch Jeansjacken. Was das Unternehmen besonders macht: Es gibt einen kostenlosen Reparaturservice für die gesamte Lebensdauer der Jeansprodukte. Was nicht mehr repariert werden kann, wird recycelt.
→ *nudiejeans.com*

Kings of Indigo: Das nachhaltige Modelabel aus den Niederlanden existiert seit 2012 und hat sehr coole Jeansjacken im Programm. Nicht unbedingt die klassische Machart, dafür aber recycelt, zum Teil vegan und fair produziert. Ziel der Kings of Indigo ist es, Mode zu entwerfen und zu fertigen, die länger getragen wird als nur eine Saison oder zwei.
→ *kingsofindigo.com*

Kuyichi: Klassische Jeansjacken im Vintage Style gibt es beim niederländischen Eco-Label Kuyichi. Gegründet wurde es im Jahr 2000 von der NGO Solidaridad, die bei der Besichtigung peruanischer Baumwollfabriken geschockt von den Zuständen und der Armut der Bevölkerung war. Der Name Kuyichi leitet sich vom peruanischen Gott des Regenbogens ab, der Gutes in die Welt bringt.
→ *kuyichi.com*

Die Jeansjacke – eine Freundin fürs Leben! Je »getragener« sie aussieht, desto besser!

PORTRÄT

Mirjam Smend ist Journalistin, Mode-Aktivistin und Gründerin einer Messe für nachhaltige Mode.

Mirjam hat den Traumberuf Moderedakteurin aufgegeben, um ihrer Überzeugung zu folgen und etwas Sinnvolles zu machen. Heute ist sie Mode-Aktivistin und veranstaltet die Greenstyle Munich, eine Messe und Konferenz für Eco Fashion.

Porträt Mirjam Smend

Das nachhaltigste Kleidungsstück ist das, das man schon besitzt.

»Ich wollte beruflich nie etwas mit Mode machen – das hat sich einfach so ergeben«, erzählt Mirjam Smend, als wir uns zum Interview in ihrer Wohnung im Herzen Schwabings treffen. Dort wohnt sie mit ihrem Mann, den 14-jährigen Zwillingstöchtern und den zwei geliebten Familienkatzen. »Einfach so ergeben?«, hake ich nach. Ja, eigentlich habe sie Publizistik, Kommunikationswissenschaft und Geschichte studiert und danach beim Fernsehen in der Redaktion für Nachrichten und später für Zeitgeschichte gearbeitet. Mehr oder weniger zufällig landete sie 2001 im Gründungsteam von *glamour.de*. Und so begann ihre Karriere als Modejournalistin, die sie in die Redaktionen der *Elle*, der *Glamour* und *Vogue* führte. 16 Jahre hat sie dort gearbeitet – bis ihr die immer neuen Trends und ständigen Saisonwechsel, die immer schnellere Abfolge der Kollektionen eines Tages zu viel wurden. »Ich habe mich plötzlich gefragt, wie viele Jacken ein Mensch wohl wirklich braucht. Und was passieren würde, wenn sich die Leserinnen tatsächlich alles kaufen würden, was ihnen täglich präsentiert wird.« Sie kündigte und orientierte sich neu: in Richtung grün und nachhaltig.

Auch heute schreibt sie noch – aber über nachhaltige Modethemen, zum Beispiel für *vogue.de* sowie weitere Modemagazine, aber auch für *enorm* und natürlich für ihr eigenes Blog *My-Greenstyle*. In erster Linie aber ist sie Gründerin und Veranstalterin der Greenstyle Munich, einer Konferenz und Messe für nachhaltige Mode und Lebensstil.

Liebe Mirjam, du veranstaltest eine Messe für grüne Mode. Wie wichtig sind dir Trends?
Überhaupt nicht wichtig. Nach 16 Jahren bei Hochglanzmagazinen hatte ich genug von »Blau ist das neue Schwarz«. Gerade habe ich mir beim Durchblättern einer Modezeitschrift gedacht, wie glücklich ich doch bin, dass ich jetzt sinnvolle Themen bearbeiten kann.

MIRJAM

Lieblingsmarke
Eine? Viele! Von A wie AA Gold bis Y wie Yar

Stil-Ikone
Frauen mit Selbstbewusstsein

Lieblingsstil
Irgendwie anders

Lieblingsteil im Kleiderschrank
Meine Vintage-Bomberjacke von Diesel mit aufgestickten Koy-Skeletten, die meine Töchter deshalb Fischjacke nennen und schon seit Jahren darauf warten, dass sie ihnen endlich passt

Mantra
»Nicht reden, sondern machen.«

Seite 92 Als Gründerin der Messe »Greenstyle« arbeitet Mirjam Smend daran, dass Eco das neue Normal wird.

Rechts Statt ständig neue Klamotten zu kaufen, kombiniert Mirjam ihre Looks lieber neu und anders.

Die beste Zeit für guten Stil

Porträt   Mirjam Smend

FÜNF KEY PIECES, DIE JEDE FRAU IM SCHRANK HABEN SOLLTE

Oben »Ich habe keine modischen Vorbilder, aber ich mag Menschen mit Meinung!«

Ein Paar Jeans in Blau oder Schwarz. Der Schnitt? Egal. Slim, flared, high waist – je nach Geschmack. Hauptsache, sie sitzt.

Einen Strickmantel. Strickmäntel habe ich erst spät entdeckt, bin jetzt aber umso begeisterter davon. Sie sind einfach herrlich unkomplizierte Begleiter und funktionieren von lässig bis elegant.

Eine blaue Bluse. Der Klassiker ist weiß, aber ich setze auf Blau. Was gibt es Stilvolleres als eine gut geschnittene mittelblaue Bluse mit tollem Detail, etwa einem Stehkragen mit Rüschen, Schluppe, Ballon- oder Trompetenärmeln etc.

Einen A-Linien-Rock, der Jacky-Kennedy-like knapp unterhalb des Knies endet. Der lässt sich unglaublich vielseitig stylen, kommt nie aus der Mode und ist für mich der Inbegriff von Sexiness.

Ein klassischer Blazer muss sein. Mein Favorit? Pinstripes.

For Women. Not Girls.

Aber ... es ärgert mich auch: dass uns immer neue Trends verkauft werden, denen dann alle hinterherlaufen, dabei Unmengen unnötiges Zeug kaufen, das bald schon wieder ausrangiert wird, um neuen Trendteilen Platz zu machen. Und alle fühlen sich *unique*, statt sich wirklich individuell zu kleiden. Dabei macht Mode doch dann besonderen Spaß, wenn nicht alle dieselben IT Pieces tragen, oder?

Wie hat sich deine Haltung zu Mode im Laufe deines Lebens verändert? Ich mochte Mode immer, aber heute weiß ich, was ich will und was nicht. Ich experimentiere nach wie vor gerne, doch ich brauche dazu nicht mehr ständig neue Kleidung. Das, was ich besitze, wird einfach neu gemixt, neu kombiniert, neu gestylt. Heute ist bei mir weniger wirklich mehr. Ohnehin habe ich (berufsbedingt) mehr Klamotten, als ich in meinem Leben auftragen kann.

Wenn du Kleidung einkaufst, was ist dir besonders wichtig? Das nachhaltigste Kleidungsstück ist das, das man schon besitzt. Ich kaufe wenig und nur dann, wenn ich etwas brauche. Natürlich achte ich dabei auf Nachhaltigkeit: Wie umweltfreundlich und fair wurde produziert? Stammt das Kleidungsstück aus lokaler Fertigung, ist es recycelt oder upcycelt? Wie transparent ist das Modelabel und welche Geschichte erzählt es? Das Gesamtpaket muss stimmen.

Mindestens genauso gerne kaufe ich übrigens Second-Hand- oder Vintage-Kleidung. Die sind aus dem Nachhaltigkeitsblickwinkel einfach unschlagbar. Noch nachhaltiger ist nur die Kleidung, die wir schon besitzen. Hinzu kommt der Style-Faktor: Second Hand ist herrlich einzigartig – und das wollen doch alle. Ein Duplikat wie bei Fast Fashion wird man da auf der Straße kaum treffen ...

Hast du ein modisches Vorbild? Oder Menschen, die du einfach gut findest? Ich denke immer mal wieder, dass etwas an jemandem gut aussieht – aber ein modisches Vorbild? Nein. Was ich aber grundsätzlich und vom Thema Mode losgelöst mag, sind Menschen, die für ihre Meinung einstehen und ihre Komfortzone verlassen, um etwas zu verändern. Billie Eilish und ihren Look finde ich zum Beispiel toll. Nicht, weil ich ihn tragen würde. Nein, ich schätze an ihr, dass sie einfach tut, was sie gut findet, auch wenn es nicht dem Trend entspricht.

Gibt es auch bei dir als sehr bewusste Konsumentin Fehlkäufe? Leider ja *(lacht)*. Mein letzter war ein mit Pailletten bestickter Jeansrock aus einem Second-Hand-Popup-Store, von dem ich gehofft hatte, dass ich irgendwann hineinpassen würde. Der Klassiker also. Jetzt hoffe ich, dass eine meiner Töchter ihn irgendwann tragen wird.

Wenn du etwas in der Mode ändern könntest, was wäre das? Dass Eco das neue Normal wird.

Was möchtest du Frauen ab 45 in Sachen Mode mitgeben? Nur Mut, meine Damen! #staywild

STYLEGUIDE

Die Umhängetasche

Meine allererste Tasche war eine Umhängetasche. Knallrot war sie, aus festem Leder und ziemlich klein. Alles Notwendige passte aber hinein: eine Brotzeit, ein Stofftaschentuch und an besonderen Tagen ein Tütchen Sunkist. Stolz trug ich sie um den Hals gehängt. Vier Jahre war ich damals alt und gerade in den Kindergarten aufgenommen worden. Seitdem bin ich von Umhängetaschen nie wieder losgekommen.

Meine zweite Umhängetasche war schon ein wenig eleganter. Mit 17 sparte ich sie mir vom Taschengeld ab: schwarz, mit kleinen Perlen bestickt und einem langen Riemen versehen, sodass ich die Tasche beim Tanzen auch diagonal tragen konnte. Über mehrere Jahre begleitete sie mich durchs Nachtleben. Bis sie mir eines Tages, samt Personalausweis, 20 D-Mark und meinem Lieblingslippenstift abhandenkam.

Im Laufe der Jahre und Jahrzehnte folgten viele weitere Umhängetaschen: große und kleine, aus Leder oder Kunstfaser, elegant oder sportlich. Allen gemein war: Sie standen für Freiheit und Unabhängigkeit! Während sich andere Frauen mit über den Unterarm gehenkelten Taschen mühsam durchs Leben balancierten, hatte ich alle Hände frei. Kinderwagen schieben, Getränkekisten tragen oder Fahrkarten aus dem Geldbeutel fummeln?

Mit einer diagonal getragenen Umhängetasche (neudeutsch: Crossbody Bag) manövrierte ich mich leichter durch den Alltag. Und durchs Leben.

Die Umhängetasche ist die Feministin unter den Taschen. Das ist sogar historisch belegt, denn tatsächlich kam die Umhänge- beziehungsweise Schultertasche erst in den 1930er-Jahren mit zunehmender Emanzipation auf. Frauen, die auf dem Weg zur Arbeit mit Straßenbahn, U-Bahn oder Bus unterwegs waren, trugen ihre Taschen lieber praktisch und direkt am Körper. Sie wollten – wie Männer auch – ihre Hände frei haben.

In einem sind die Umhängetaschen ihren Henkelschwestern allerdings nicht überlegen: Was sie einmal verschluckt haben, verschwindet auf Nimmerwiedersehen am Taschenboden. Dort unten, in den Tiefen jeder Tasche, muss es ein schwarzes Loch geben, das unsere Lippenstifte, Parkscheine und Taschentücher in einem anderen Universum wieder ausspuckt.

Für mich hat sich der Kreis übrigens geschlossen: Vor einigen Jahren habe ich mir wieder eine Art Kindergartentasche gekauft, nur in größer. Knallrot, festes, unempfindliches Leder, darin Platz für einen Geldbeutel, eine Packung Taschentücher und einen Lippenstift. Ich trage sie leidenschaftlich gerne – jetzt allerdings *crossbody* und nicht mehr um den Hals.

WAS GIBT'S ZU BEACHTEN?

Das Material: Umhängetaschen gibt es aus den unterschiedlichsten Materialien: Leder, Lederimitat, Kunstfaser, sogar ausgediente Lastwagenplanen kommen zum Einsatz. (Glatt-)Leder oder Imitat eignen sich wunderbar für elegante Ausführungen, Kunststoff und Plane eher für lässige Varianten oder Messenger Bags (deutsch: Kuriertaschen). An Haltbarkeit ist Leder allerdings nicht zu übertreffen. Und: Leder altert edel!

Die Größe: Von mini bis zum großen Kuriertaschenformat ist alles dabei und alles möglich. Wichtig ist nur: Je größer das Format, desto leichter sollte das Material sein. Andernfalls werden Umhängetaschen schnell sehr unbequem, weil sie an der Schulter oder – wenn sie diagonal getragen werden – am Hals drücken.

Der Trageriemen: Es gilt: Je größer das Format und je schwerer die Tasche, desto breiter sollte der Trageriemen sein. Dann kann sich das Gewicht besser verteilen.

WIE WIRD'S GESTYLT?

Tragen Sie Ihre Umhängetasche …
   klassisch: aus braunem oder schwarzem Glattleder bei formellen Anlässen zum Blazer, Hosenanzug oder Kostüm. Ein buntes Nickituch am Taschenriemen ist ein hübscher Blickfang.
   lässig: als Messenger Bag aus alter Lastwagenplane, Vintage-Leder oder Segeltuch zur Jeans und Hemdbluse. Dazu Sneakers.
   extravagant: eine goldene oder silberne Crossbody Bag und passende Abendschuhe zum schwarzen Jumpsuit oder Abendkleid. So chic, so elegant!

WO KRIEGT MAN'S?

Chloé: Das französische Label Chloé steht seit 1952 für Prêt-à-porter-Mode im Luxussegment. Geradezu legendär ist die Umhängetasche Marcie, die es in verschiedenen Größen, Varianten und Preisklassen gibt. Günstig ist allerdings keine davon.
→ *chloe.com*

AIGNER: Das Traditionsunternehmen ist heute in München ansässig: Gegründet wurde es 1950 von Etienne Aigner in New York; die Neugründung als Münchner Marke erfolgte im Jahr 1965. AIGNER bietet sowohl elegante, klassisch schöne Modelle als auch sehr modische bis extravagante Taschen in Bonbonfarben.
→ *aignermunich.de*

BREE: Wer klares, skandinavisch anmutendes Design mag, ist bei BREE richtig. Das Unternehmen wurde 1970 in Hannover gegründet und führt seitdem Taschen in modernem, unaufgeregtem Look, von hoher Funktionalität und aus hochwertigem Material.
→ *bree.de*

Furla: Bologna, 1927: Aldo Furlanetto eröffnet ein Ladengeschäft für Lederwaren und legt damit den Grundstein für das Taschen-Label, das heute weltweit vertreten ist. Furla bietet geradezu ein Feuerwerk an Umhängetaschen – zu vergleichsweise moderaten Preisen. Der Stil ist feminin, manchmal extravagant und immer mit dem gewissen Etwas.
→ *furla.com*

Greenbelts: Das deutsche Unternehmen produziert seit 2004 ökologisch-faire Ledertaschen. Die Umhängetaschen und Messenger Bags werden aus vegetabil gegerbtem Leder in Einzelfertigung hergestellt – eine Einzigartigkeit, die man auch sieht.
→ *greenbelts.de*

Fritzi aus Preußen: Taschen, die nach Leder aussehen, müssen nicht unbedingt aus Leder sein. Das Unternehmen Fritzi aus Preußen aus der Nähe von Hannover etwa produziert seit 2008 Taschen aus hochwertigem Lederimitat. Alle Taschen werden komplett aus recycelbarem Polyurethan gefertigt und tragen das Gütesiegel Peta-Approved Vegan, das vegane Mode und Accessoires auszeichnet. Neben den Tieren freut sich der Geldbeutel, denn günstig sind die Taschen auch noch.
→ *fritziauspreussen.de*

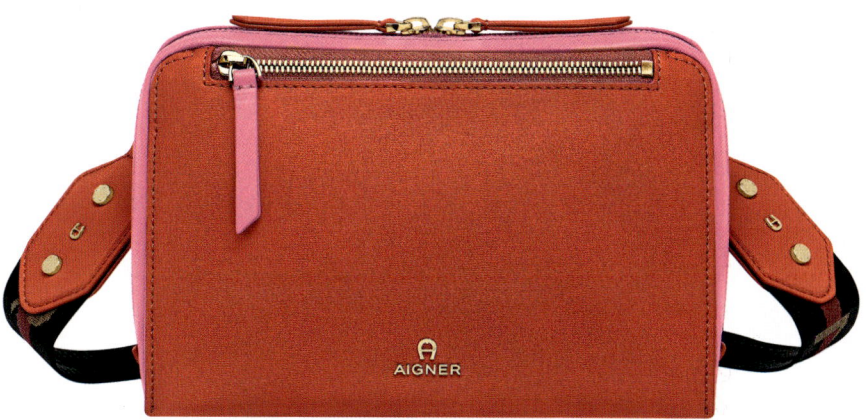

Die Feministin unter den Taschen: Mit den Umhängetaschen hatten Frauen in den 1930er-Jahren endlich die Hände frei!

STYLEGUIDE

Die Glitzer-schuhe

Es ist doch so: Ein bisschen Cinderella steckt in jeder Frau. Ab und zu Prinzessin sein, ein paar rosa Wölkchen ins Leben holen und darauf schweben, den Alltag hinter sich lassen … wer bei diesem Gedanken nicht wonnig seufzt, der hat in der Märchenstunde offenbar nicht richtig aufgepasst.

Das Schöne ist: Für ein bisschen Prinzessin im Leben müssen wir uns keinen Königssohn mehr angeln, wir müssen uns nicht in ein geschnürtes Ballkleid hungern und auch das Krönchen können wir getrost in der Kommode lassen. Wir müssen nicht in zugigen Schlössern wohnen und mit eingefrorenem Lächeln Militärparaden abnehmen. Auf eines können wir allerdings nicht verzichten, und das weiß jede, die Weihnachten mit *Drei Nüsse für Aschenbrödel* verbringt: auf goldene oder mit Pailletten oder Strass besetzte Glitzerschuhe. Cinderella-Schuhe eben.

Reinschlüpfen und … spüren Sie's? Wie Ihr Lächeln strahlender und selbstbewusster wird, Ihre Augen glänzender und Ihr Gang aufrechter? Wie Menschen Ihnen entgegenlächeln und das Leben gleich ein bisschen schöner, farbiger und sinnlicher wird? Ja, das sind die Schuhe. Diese Schuhe lassen Sie tanzen!

Am besten funktionieren übrigens Pumps mit einem etwas breiteren Sechs- bis Acht-Zentimeter-Absatz, ich habe es ausprobiert. Stilettos sind schnell zu wackelig, wir wollen beim Prinzessinsein schließlich nicht ins Straucheln geraten (außer Sie möchten Ihrem Prinzen direkt in die Arme fallen …). Ballerinas oder andere flache Schuhe sind dagegen schon wieder zu geerdet – wie wollen Sie damit die rosa Wolken erreichen? Für den legendären Manolo Blahnik ist, so ließ er einmal in einem Interview verlauten, der perfekte Absatz übrigens fünf Zentimeter hoch, auch wenn die schwindelerregenden High Heels in den Auslagen seiner Boutiquen etwas anderes vermuten lassen. Apropos: Es kann sich lohnen, ein bisschen mehr Geld für den Glamour am Fuß zu lassen: Glitzerschuhe kauft man sich schließlich nicht jedes Jahr.

Übrigens ist es ein Gerücht, dass man solche Schuhe nur in die Oper, zu Bällen oder ins Theater anziehen kann. Sie sind weniger ein Kleidungsstück als ein Lebensgefühl – und das dürfen Sie auch zu weniger festlichen Anlässen und Gelegenheiten tragen. Sollen Sie sogar! Okay, Arztpraxen und Apotheken sind vielleicht ausgenommen. Wobei: Auch da kann ein Lächeln ja wirklich nicht schaden!

WAS GIBT'S ZU BEACHTEN?

Die Form: Je aufwendiger und auffälliger Design und Material sind, desto schlichter sollte die Form sein. Viel hilft nicht immer viel – auch nicht bei Cinderella-Schuhen. Entscheiden Sie sich also lieber für einen klassisch schlichten Schnitt mit abgerundeter Spitze und moderatem, leicht geschwungenem Absatz!

Der Absatz: Absätze müssen nicht pfennigdünn sein, damit Ihr Fuß elegant und graziös wirkt. Und auch nicht zwölf Zentimeter hoch. Breitere Absätze oder Kitten Heels sind ebenso charmant – mindestens!

WIE WIRD'S GESTYLT?

Tragen Sie Ihre glitzernden Schuhe …

klassisch: zum kleinen (oder großen) Schwarzen oder eleganten Hosenanzug mit taillierter Jacke und Marlenehose. Wer goldene oder glitzernde Schuhe trägt, braucht nicht mehr viele weitere Accessoires.

lässig: zur ausgestellten (Flared) Jeans und in der Taille geknotetem weißen Hemd zur nächsten Party.

extravagant: zum Damen-Smoking auf dem Schwarz-Weiß-Ball, in die Oper, ins Konzert oder Ballett. Ein knallroter Lippenstift dazu ist ein Muss!

WO KRIEGT MAN'S?

Manolo Blahnik: Der Meister des Prinzessinnenschuhs! Cinderella würde sicher Manolos tragen! Aufwendigst mit Strass verziert, bestickt und aus Seide gefertigt – die Schuhe des spanischen Designers sind die reinsten Kunstwerke (und kosten auch so viel …). Berühmt wurden sie übrigens durch die amerikanische Kultserie *Sex and the City*.
→ *manoloblahnik.com/eu*

Jimmy Choo: Der Klassiker für hohe und hochpreisige Abendschuhe. Die Absatzhöhe reicht bei ihm gerne mal bis auf 15 Zentimeter … Im Klartext: Wer Jimmy Choo (der übrigens als malaiischer Schuhmacher in London zu Ruhm und Reichtum kam) trägt, sollte in High Heels gut laufen können. Sonst wird es leicht peinlich und der Abend endet schlimmstenfalls in der Notaufnahme …
→ *jimmychoo.com*

Pura López: Die spanische Schuhdesignerin Pura López – sie entwirft übrigens auch Schuhe für die königliche Familie – hat auf ihrer Website eine eigene Kategorie für Party Shoes eingerichtet. Was für eine Ansage! Tatsächlich findet man dort eine Vielzahl an goldenen, glänzenden und glamourösen Schuhen, manche davon mit schwindelerregendem Absatz. Aber auch Pumps mit entzückenden Kitten Heels, filigrane Sling Pumps und Flats sind dabei. Ein echter Augenschmaus!
→ *puralopez.com*

Links Für mehr Glamour im Alltag: Glitzerschuhe bringen das Leben zum Funkeln!

GUT ZU WISSEN

Pumps
Pumps sind klassische Damenschuhe, die vorne und hinten geschlossen sind und in der Regel keine Verzierung aufweisen. Der Absatz ist schmal und nicht höher als zehn Zentimeter.

Kitten Heels
Kitten Heels sind nicht höher als fünf und nicht niedriger als drei Zentimeter. Der Absatz ist geschwungen: eine Art Pfennigabsatz en miniature.

Sling Pumps
Sling Pumps sind Schuhe, die vorne geschlossen sind (wie Pumps) und hinten von Riemchen gehalten werden (wie Sandalen). Die Ferse bleibt somit frei.

High Heels
High Heels sind geschlossene Damenschuhe mit einem Absatz von mindestens zehn Zentimetern. Dabei sind sowohl Pfennigabsätze als auch breitere Absätze oder sogar Keilabsätze möglich. Schuhe mit mehr als 13 Zentimeter hohen Absätzen werden übrigens Skyscraper genannt.

Stilettos
Dabei handelt es sich um High Heels mit Pfennigabsatz.

Flats
Flats sind sehr flache Schuhe mit einem Absatz von maximal zwei Zentimetern. Die Schuhgattung ist dabei nebensächlich: Flats können also sowohl Ballerinas als auch Slipper oder Schnürschuhe sein.

PORTRÄT

Christine Mortag ist Autorin und schreibt über Kultur und Mode.

Von der Art Directorin zur Journalistin, Buchautorin und Textchefin großer Magazine: Christine hat die Leidenschaft fürs Schreiben und den Spaß an der Mode zu ihrem Beruf gemacht.

Porträt   Christine Mortag

Die Mode ist so bunt geworden wie unsere Gesellschaft!

Wer Christine Mortags Zuhause im Süden Münchens betritt, weiß sofort: Hier lebt eine Ästhetin, hier wohnt Geschmack. Offen, hell und luftig, viele große Fenster. An den Wänden großformatige Fotokunst: Traditionell-bayerische Motive treffen auf modernen Lebensstil und es passt perfekt.

Als gebürtiges Nordlicht, aufgewachsen in Bremen und lange in Hamburg gelebt, hat es Christine vor 20 Jahren eher zufällig in den Süden verschlagen. Heute lebt sie mit ihrem Mann, einem Fernsehproduzenten, und den 18-jährigen Zwillingstöchtern mit Blick auf die Berge am Starnberger See. Denn Wasser um sich herum braucht Christine schon. »Auch wenn ich schon so lange im Süden lebe – gefühlt bin ich immer noch Hanseatin«, sagt sie lachend.

Christine hat einige Jahre Modejournalismus an der Akademie für Mode und Design in München gelehrt und ein Buch zum Thema verfasst. Hauptsächlich aber schreibt sie als freie Journalistin und Autorin für viele große deutsche Zeitungen und Zeitschriften. Außerdem arbeitet sie als Textchefin, unter anderem für *Madame* und *Cosmopolitan*. »Ich wollte immer Journalistin werden, vor allem wollte ich spannende Menschen interviewen«, erzählt sie. »Meine ersten Artikel habe ich schon mit 16 geschrieben – für die örtliche Regionalzeitung.« Doch erst mal nimmt sie einen Umweg über die Grafik, studiert in Hamburg Visuelle Kommunikation, arbeitet als Art Directorin in renommierten Werbeagenturen und findet erst mit Anfang 30 zum Schreiben zurück. Als Kulturredakteurin interviewt sie zunächst vor allem Schauspielerinnen und Filmschaffende, später kommen auch Design- und Modethemen dazu: »Mode hat mir immer schon Spaß gemacht.« Als ihr Freundeskreis in Mao-Hemden und Palästinensertüchern politisch Position bezog,

---

CHRISTINE

Lieblingsmarke
Für Basics: Strenesse (gibt es ab 2021 leider nicht mehr), Closed, COS, für das Besondere: Etro, Talbot Runhof, Tory Burch, Celine

Stil-Ikone
Inès de la Fressange, Lauren Hutton, Alexa Chung, Iris von Arnim, Carolyne Bessette-Kennedy

Lieblingsstil
Klassisch, aber mit ›Twist‹

Lieblingsteil im Kleiderschrank
Gemusterter Rock und Daydress von Talbot Runhof, Trio-Bag von Celine, Oversize-Pullover in Flieder-orange von Strenesse (der vom Foto auf Seite 106!)

Mantra
»Have fun with fashion!«

Seite 106 Christine Mortag probiert sich gerne aus und spielt mit Farben, Stilen, Trends.

Rechts Christine weiß genau, was zu ihr passt. Im Kombinieren ist sie Meisterin.

Die beste Zeit für guten Stil

Porträt Christine Mortag

FÜNF KEY PIECES, DIE JEDE FRAU IM SCHRANK HABEN SOLLTE

»Das muss jede Frau selbst entscheiden. Meine fünf Key Pieces sind: Schwarze Hose, schwarzer Pulli, schwarzes Kleid, schwarzer Rock, eine gut sitzende Jeans (ich liebe die von Closed) und vielleicht noch eine weiße Bluse. Damit ist man zu jeder Gelegenheit angezogen, ohne morgens ewig vor dem Kleiderschrank zu stehen.«

Links Ihr Lieblingsaccessoire: Schuhe! Denn die »machen« den Look!

trug sie, obwohl ebenfalls eher links, die neueste Mode aus London. Das kam nicht bei allen gut an, weil es angeblich nicht zur Gesinnung passte. »Vielleicht kommt daher meine heutige Abneigung, modisch mit dem Strom zu schwimmen.«

Liebe Christine, dann sind Modetrends nicht so dein Ding? Trends sind mir nicht explizit wichtig, aber natürlich passt sich mein Kleidungsstil mehr oder weniger der aktuellen Mode an. Und wie oft wurde aus einem »Das ziehe ich nie an!« ein »Liebe ich!«. Ohnehin gibt es ja zurzeit kaum eindeutige Trends und Moden. Nichts muss, alles darf. Es wird nach Herzenslust kombiniert, jede vermeintliche Regel darf gebrochen werden. Die Mode ist so vielschichtig und bunt geworden wie unsere Gesellschaft!

Wie wichtig, meinst du, ist Mode überhaupt? In Deutschland hatte Mode lange keinen hohen Stellenwert. Sie galt als oberflächlich und vollkommen unwichtig. Wollte ich mit Stars über Mode sprechen, bekam ich oft zu hören, dass sie das nicht interessiere. Ob man nicht lieber über die wichtigen Dinge sprechen könne – Politik, Kultur, Gesellschaft.

Mode war in Deutschland lange nicht mehr als ein notwendiges Übel. Irgendwas musste man ja anziehen! Und genauso trist sah es in unseren Fußgängerzonen aus. Die Eleganz der französischen Frauen, die Freude der Italienerinnen an der Weiblichkeit, die sportliche Lässigkeit der Skandinavierinnen suchte man hier vergebens. Doch langsam ändert sich das! Ich wünsche mir einfach, dass die Menschen auch in Deutschland mehr Spaß an der Mode haben und lockerer damit umgehen.

Und dir persönlich? Ich mag Mode sehr, mache mir aber wenig Gedanken darüber. Ich probiere alles gerne aus, spiele mit Farben, Stilen, Trends. Es ist doch großartig, wie man mit dem, was man anhat, je nach Lust und Tagesform seine Persönlichkeit verändern kann. Mal bin ich die Elegante, mal die Sportliche, mal Couchpotato in Loungewear und mal die Extrovertierte in Knallpink und Orange. Wobei mein Grund-Stil eher hanseatisch reduziert ist – im Alltag trage ich meistens Schwarz oder Dunkelblau. Aber immer mit einem ›Twist‹, mit einem besonderen Teil oder auffälligen Schuhen dazu. Überhaupt Schuhe – ich habe sicher 150 Paar, mindestens. Damit kann man jedes noch so schlichte Outfit zum Hingucker machen. Ich habe jede Menge Basics, gönne mir aber ab und zu ein richtig tolles Designerteil.

Wie hältst du es mit Stilregeln? Ich bin ja noch mit recht strikten und reichlich absurden Modediktaten aufgewachsen. Etwa, dass man als Frau über 40 keine Miniröcke und auch keine langen Haare tragen sollte. Heute darf jede alles, und das sollten wir nutzen. Bei mir selbst habe ich allerdings festgestellt, dass ich meine Kleider und Röcke mittlerweile nicht mehr ganz so kurz mag. Das muss aber nicht für alle gelten. Natürlich darf man auch mit 60 noch Shorts und kurze Röcke tragen – sich betont jugendlich zu kleiden, finde ich allerdings furchtbar. Grundsätzlich denke ich, dass auch vermeintlich unpassende Looks – bezogen auf Alter oder Figur – gut aussehen können, wenn die Ausstrahlung der Trägerin stimmt. Helen Mirren würde auch in einem Kartoffelsack noch stilvoll aussehen.

Was möchtest du Frauen über 45 in Sachen Mode mit auf den Weg geben? Probiert euch aus! Versucht verschiedene Looks und Styles, auch solche, die ihr erst mal nicht kaufen würdet. Manchmal ist man ganz überrascht, wie gut einem Prints und Blümchenkleider stehen oder knallige Farben wie Gelb oder Orange ... Ansonsten: Lasst euch von niemandem reinreden. Wir sind selbst alt genug, um zu wissen, was uns steht und guttut. Wir brauchen Inspiration und gute Beispiele, aber keine Ratschläge mehr.

Mit den richtigen Schuhen wird jedes Outfit zu einem Hingucker!

STYLEGUIDE

Das Kleine Schwarze

Wäre ich ein schmales schwarzes Etuikleid, dann wäre ich jetzt richtig sauer. Weil mich alle Welt als ›Kleines Schwarzes‹ bezeichnet – was einer Frechheit gleichkommt! Denn es gibt wohl kein Kleid, das größer ist als das vermeintlich ›kleine‹ Schwarze (im Englischen übrigens *LBD* für *Little Black Dress* und auf Französisch *Petite Robe Noire*). Das fängt schon bei der Geschichte an. Denn wer hat's erfunden, na? Natürlich: die Grande Dame der Mode – Coco Chanel.

Und was für eine raffinierte Erfindung dieses Kleid doch war: schwarz wie die Trauerkleidung, die nach dem Ersten Weltkrieg viele trugen, vor allem junge Soldatenwitwen. Sehr schlicht und auf Figur geschneidert, und genau dadurch verführerisch, oh, là, là! Angeblich, so wird kolportiert, sollte damit der Männerwelt der 20er-Jahre signalisiert werden: Hallo, ich bin zu haben – und ich bin bereits erfahren. Ein Gerücht? Vielleicht. Vielleicht aber auch nicht, denkt man etwa an Wallis Simpson, die den englischen König Edward VIII. in eben einem solchen Kleinen Schwarzen so sehr bezirzte, dass er für sie sogar abdankte und den Thron seinem jüngeren Bruder überließ. »Wenn es zum Anlass passt, gibt es zum Kleinen Schwarzen keine Alternative«, soll Wallis Simpson gesagt haben. Wer wollte ihr da widersprechen?

Weltberühmt wurde das große Kleine Schwarze aber erst durch seinen Auftritt im legendären Streifen *Frühstück bei Tiffany*, als Audrey Hepburn sich damit in der Fensterscheibe des berühmten New Yorker Juweliers spiegelte – aber, halt, das war ein langes Abendkleid! Ein paar Szenen weiter trat sie dann wirklich im perfekten Kleinen Schwarzen auf – und schrieb sich damit ins kollektive Gedächtnis ein.

Aber selbst wenn wir keine Männer bezirzen und auch kein Vermögen bei Tiffany lassen wollen: Das Kleine Schwarze gehört in jeden Kleiderschrank. Dabei muss es sich keineswegs um ein Cocktailkleid handeln. Dieses Outfit passt auch ins Büro, zur After-Work-Sause, in die Oper, ins Theater, zu Festivitäten jeder Art und zu einem Rendezvous sowieso – kurzum: überall dort, wo man eindrucksvolles Understatement zur Schau tragen möchte.

Aber Achtung, nicht jedes schwarze Kleid gilt als Kleines Schwarzes. Die Kleinen Schwarzen zeichnen sich durch exzellente Schnittführung und exquisites Material aus. Meistens handelt es sich um ein schmales, knielanges Etuikleid, aber das wird heute nicht mehr so streng gesehen. Das Kleine Schwarze darf kürzer oder länger sein, figurbetont oder schwingend. Was aber allen gemein ist: Sie sind edel, klassisch und schlicht, und damit die perfekte Bühne für einen aufregenden Auftritt.

Ich selbst habe ein solches Kleid übrigens von meiner Tante geerbt. Und auch wenn es mir schon länger nicht mehr passt, so hängt es doch immer noch im Schrank: schmal geschnitten, hochwertig und mit einem Organza-Einsatz, der sich vom züchtigen Rundausschnitt bis zur Taille verjüngt. Klingt nach dem perfekten *LBD*? Ist es auch.

WAS GIBT'S ZU BEACHTEN?

Das Material: Dafür reicht ein Wort: erstklassig! Feiner Wollstoff und schimmernde Seide sind meine Favoriten, von Baumwolle und Leinen (so edel knittert Leinen dann doch nicht) würde ich die Finger lassen und Polyester ist ein absolutes No-Go.

Der Schnitt: Das Kleine Schwarze darf alles sein: körperbetont oder schwingend, kniekurz oder wadenlang. Nur eines ist zwingend: Es muss perfekt sitzen.

Das Beiwerk: Das Kleine Schwarze sollte schlicht getragen werden – das bietet sich an, wenn Schnitt und Material so besonders sind, dass jegliches Beiwerk stören würde. Ausgefallener Schmuck, extravagante Schuhe oder auffällige Taschen können es aber manchmal aufwerten.

WIE WIRD'S GESTYLT?

Tragen Sie Ihr Kleines Schwarzes ...
 klassisch: als knapp knielanges Etuikleid mit halbhohen Pumps, High Heels oder Ballerinas und kleiner Handtasche. Perlen- und Goldschmuck und ein knallroter Lippenstift passen perfekt.
 lässig: nein, auf keinen Fall.
 extravagant: mit Jeansjacke oder rockiger Lederjacke! Oder mit Glitzerpumps und wohldosiertem (!) Statement-Schmuck. Weniger ist in dem Fall mehr.

WO KRIEGT MAN'S?

Talbot Runhof: Das Münchner Modelabel entwirft und fertigt wunderschöne, ausdrucksstarke und elegante Damenkleider für den Tag und für den Abend, darunter auch Kleine Schwarze. Unter anderem wird Mode von Talbot Runhof von Julia Roberts, Angelina Jolie und Lady Gaga getragen. Gegründet wurde die Marke 1991 von dem Elektroingenieur Johnny Talbot und dem Betriebswirt Adrian Runhof. Sie sind Namensgeber und bis heute Geschäftsführer.
→ *talbotrunhof.com*

Max Mara: Max Mara wurde 1951 im norditalienischen Reggio Emilia gegründet und fertigt seitdem hochwertige Damenmode von moderner Eleganz. Das Unternehmen gehört heute zu den größten Modekonzernen Italiens und beherbergt unter seinem Dach unter anderem das Plussize-Label Marina Rinaldi. In beiden Kollektionen – Max Mara und Marina Rinaldi – finden sich immer wieder wunderschöne Kleine Schwarze.
→ *maxmara.com*
→ *de.marinarinaldi.com*

Windsor: Trotz englischem Namen kommt die Marke aus Bielefeld und steht für klassisch- bis sportlich-eleganten Schick ohne Chichi. Gegründet wurde das Unternehmen im Jahr 1889 als Herrenausstatter, erhielt aber erst 1960 seinen heutigen Namen – ja, tatsächlich aus Begeisterung des Eigentümers für das britische Königshaus. 1970 wurde die Firma dann (unglaublich, aber wahr) vom Nahrungsmittelhersteller Dr. Oetker (ebenfalls aus Bielefeld) übernommen, unter dem 1977 die erste Damenkollektion auf den Markt kam. Heute gehört Windsor zur Schweizer Strellson AG.
→ *windsor.de*

Lanius: Seit 1999 entwirft Lanius aus Köln hochwertige, feminine Mode, darunter immer wieder auch Kleine Schwarze. Gefertigt werden die sportiven bis klassisch-eleganten Kollektionen aus umweltfreundlichen Materialien und zu fairen Bedingungen.
→ *lanius.com*

Das Kleine Schwarze: Seit »Frühstück bei Tiffany« ein Muss für jeden Kleiderschrank.

PORTRÄT

Carola Niemann ist Stylistin, Magazinmacherin und Feministin.

Mode ist ihre große Leidenschaft. Als Stylistin und Moderedakteurin setzte Carola für Frauenzeitschriften unzählige Fashion-Strecken in Szene. Bis sie 2017 *the Curvy Magazine* gründete, um der Welt zu zeigen: Schönheit ist keine Frage der Kleidergröße.

Porträt　　Carola Niemann

Ich liebe Schönes! Deshalb wollte ich immer etwas mit Mode machen.

Es ist ein kühler Juni-Samstag, als ich die vier Stockwerke zu Carola Niemanns Zuhause im Münchner Stadtteil Au hochsteige und eine Wohnung betrete, die eher ins szenige Berlin-Friedrichshain passt denn nach München. Mit einem breiten Lächeln steht Carola vor mir. »Kaffee mit Milch oder ohne?«, fragt sie mich, während ich meine Jacke an die Garderobe hänge. »Mit Milch!«, antworte ich und schaue mich um. Es ist ein Ort, der die besondere Persönlichkeit seiner Bewohnerin ausstrahlt. Ein bunter Reigen aus ›bohemian‹, afrikanischen sowie asiatischen Einflüssen und natürlich Mode, der man überall in der Wohnung begegnet.

Die Wände im Flur zieren bunte Bilder und Gemälde, ein Hochzeitsfoto zeigt ihre Eltern, daneben verrät ein kleiner Familienstammbaum mehr über Carolas Lebensgeschichte. »Ich bin in Liberia geboren und erst mit sieben Jahren nach Deutschland gekommen, um hier zur Schule zu gehen«, erfahre ich, »Aus Afrika direkt ins Allgäu – und das Anfang der 70er-Jahre!« Sie lacht. Als ihre Mutter bei einem Verkehrsunfall ums Leben kommt, bleiben sie und ihre Schwester beim deutschen Vater und dem Patenonkel. Der Kontakt nach Afrika reißt ab. An der Wand hängt eine vergilbte Suchmeldung des Roten Kreuzes: »Darüber haben mich meine afrikanischen Verwandten hier in Deutschland gefunden!«

Auf einem Tisch steht eine Nähmaschine, die ganz offensichtlich nicht nur Dekoration ist. Carola hat eine Schneiderinnenlehre absolviert, bevor sie als Stylistin und Fashion Director in die Medien ging und für Magazine wie *Maxim*, *Cover*, *Allegra* und *Playboy* Fotostrecken inszenierte. Bis dann eines Tages ein Model weinend vor ihr zusammenbrach, weil sie trotz Size Zero nicht in die Mustergröße fürs Shooting passte. »Da habe ich mich zum ersten Mal bewusst gefragt: Was läuft hier eigentlich falsch? Warum lassen wir Frauen uns so fertigmachen? Und was ist meine Rolle dabei?« Als ein Projekt ausläuft, startet sie ihr eigenes. Und gründet *the Curvy Magazine*.

CAROLA

Lieblingsmarke
Prada

Stil-Ikone
Anna Wintour

Lieblingsstil
Nach Lust und Laune

Lieblingsteil im Kleiderschrank
Mein Kleid mit Ginko-Print vom Fotoshooting – siehe Seite 120!

Mantra
»Alles geht!«

Seite 116 Als Gründerin von *the Curvy Magazine* steht Carola für ein positives Körperbewusstsein und Vielfalt.

Rechts »Ich bin Feministin. Ich will Frauen selbstbewusst und stark machen!«

For Women. Not Girls.

Die beste Zeit für guten Stil

Porträt — Carola Niemann

FÜNF KEY PIECES, DIE JEDE FRAU IM SCHRANK HABEN SOLLTE

Oben Trägt, wozu sie Lust hat: Carola macht Frauen Mut und lebt ihnen auch modische Freiheit vor.

Ein gut sitzendes schwarzes Kleid ist einfach perfekt für viele Anlässe – fürs Business ebenso wie für den After-Work-Drink und die Dinnerparty im Anschluss.

Ein schwarzer Rock und eine schwarze Hose – großartig zum Kombinieren, besonders wenn man viel unterwegs ist. Damit ist man immer richtig angezogen!

Ein Maxikleid zum Wohlfühlen – ideal für Tage, die nicht so super laufen!

Ein schöner Cardigan, gerne auch in auffälligen Farben – damit kann man Looks noch mal ganz neu stylen.

Ein großer Schal (am besten in Lila!) – macht Spaß und wärmt, wenn es plötzlich kalt wird. Und Lila passt zu vielen Farben.

Fünf Jahre später ist bereits die 10. Ausgabe (Stand November 2020) von Deutschlands einzigem Modemagazin für kurvige Frauen, dessen Chefredakteurin sie ist, erschienen. »Vor dem Launch habe ich viel Zeit damit verbracht, Markt und Medien zu scannen. Das Ergebnis war niederschmetternd: Mode für große Größen wurde lieblos fotografiert und kein bisschen inszeniert! Das wollte ich ändern.« Dabei ging es ihr eben nicht nur um Mode, sondern auch um Gesellschaftspolitik. »Ich bin Feministin. Ich will Frauen stark und selbstbewusst machen. Und zwar alle Frauen, völlig egal, welche Farbe ihre Haut hat, welche Kleidergröße sie tragen und wie alt sie sind.«

Tatsächlich hat sich in den letzten Jahren bereits einiges geändert für Frauen, die mehr als die deutsche Durchschnittsgröße 44 tragen. Die Auswahl ist zweifellos größer geworden. Aber reicht das? »Viele Kollektionen werden nach wie vor maximal bis Größe 42/44 produziert – mit sehr viel Glück bis 46/48. Und dann steht man in den Läden vor den Kleiderstangen und ärgert sich!«

> *Es gibt so wunderbare kurvige Frauen da draußen. Ich vermisse die Wertschätzung für sie!*

Nicht nur für sich selbst wünscht sich Carola mehr schöne Kleider in größeren Größen. »Nicht diese seltsamen Zipfelkleider, die die Modeindustrie offenbar speziell für Plus-Size erfunden hat – warum auch immer! Und nichts aus Polyester!« Sondern richtig schöne Kleider aus hochwertigen Stoffen, wie sie in den 40er-Jahren getragen wurden, mit femininen Schnitten und grandiosen Mustern. Die Liebe zu Kleidern teilt sie übrigens mit Anna Wintour, der Chefredakteurin der US-*Vogue*: »Man kann über Anna Wintour denken, was man will – aber sie trägt immer ganz wundervolle Kleider!«

Ein weiterer Wunsch auf ihrer Liste: Mehr Nachhaltigkeit auch in größeren Größen, mit coolen Styles, extravaganten Schnitten und tollen Mustern. »Ich liebe es, mit Mode zu spielen. Kleidung ist Ausdruck meiner Persönlichkeit. Mit unterschiedlichen Outfits zeige ich meine unterschiedlichen Facetten.« Einem einzigen Stil treu zu bleiben, nein, das passt nicht zu ihr: »Dafür bin ich zu experimentierfreudig: Manchmal mag ich es minimalistisch, manchmal verspielt, manchmal opulent! Mode muss Spaß machen! Ich lasse mich da nicht in ein Korsett zwängen. Ich trage, was ich mag und was meiner aktuellen Stimmung entspricht.«

Ein bisschen von dieser Haltung möchte Carola auch anderen Frauen mitgeben. »Hört nicht auf den Rat eurer Freundinnen! Tragt, wozu ihr Lust habt! Wichtig ist, dass wir uns selbst treu bleiben.« Das heißt auch, dass man Trends durchaus mal auslassen kann. Oder sogar soll, wenn man sich darin nicht wohlfühlt. »Mit über 50 wissen wir ja Gott sei Dank, was uns guttut und was nicht. Wir müssen nichts mehr beweisen!«

STYLEGUIDE

Die Augenbrauen

Puh – was haben die Augenbrauen in der Menschheitsgeschichte schon alles erlebt und mitgemacht! Von der Antike über Mittelalter und Renaissance bis in die Moderne haben Frauen (und auch Männer) sie gezupft, rasiert, übermalt und tätowiert. Ihre Form, Fülle und Position waren immer wieder neuen Moden unterworfen: Zusammengewachsene Brauen etwa, die heute als Beauty-No-Go gelten, waren bei den alten Römern und Griechen angesagt und sehr populär. Frauen mit einer solchen Monobraue galten als besonders intelligent und begehrt. Im Mittelalter entsprach eine hohe Stirn dem Schönheitsideal, die Augenbrauen wurden stark gezupft oder ganz wegrasiert, bis die Brauen ab dem 18. Jahrhundert wieder natürlicher sein durften.

Auch in den letzten hundert Jahren war viel los auf unserer Stirn: In den 1920er-Jahren waren die Brauen bleistiftdünn oder ganz abrasiert und aufgemalt, in den 50ern üppig und betont, in den 90ern wurde wieder fleißig gezupft (was bis heute nachwirkt, denn das ständige Zupfen bedeutete den Verlust vieler Haarwurzeln). Ab dem Jahrtausendwechsel wurden dann füllige oder sogar buschige Brauen getragen: Das Model Cara Delevingne brachte den Theo-Waigel-Look sogar auf das Cover der *Vogue*. Und so waren plötzlich auch meine doch recht üppigen Brauen ganz up to date – nachdem ich sie jahrzehntelang kaum im Zaum hatte halten können.

Über alle Kulturen und Epochen hinweg waren die Brauen ein Gestaltungsmittel für unser Gesicht, sie geben ihm den Rahmen, machen es ausdrucksstark und besonders. An Augenbrauen erinnert man sich. Sie machen Frauen unvergesslich und unvergleichlich, man denke nur an Frida Kahlo, die wir nicht nur aufgrund ihrer Malerei, sondern auch wegen ihrer zusammengewachsenen Brauen im Gedächtnis haben.

Und heute? Heute trägt man die Brauen ganz natürlich. Also einfach wachsen lassen und ein bisschen in Form bürsten? Schön wär's! So simpel ist es natürlich nicht – würde die Internetsuche nach »schöne Augenbrauen« sonst über drei Millionen Treffer ausspucken? Überhaupt ist aus dem Wunsch nach dekorativen Brauen ein ganz eigener Kosmetikzweig entstanden. Es gibt Brow Bars (eine Art Frisörsalon für die Augenbrauen), Brauen-Stylisten, spezielle Pflegelinien für Augenbrauen, ja, selbst Schablonen für Brauen à la Kim Kardashian kann man kaufen – da erscheint der Augenbrauenstift, den ich im Badezimmerschränkchen habe, wie ein Relikt aus dem Archaikum der Erdgeschichte. Aber sie sind es auch wert, unsere Brauen, lassen sie doch jedes Gesicht lebendig und ausdrucksstark wirken. Vor allen Dingen sind gepflegte und schön gezeichnete Brauen ein wichtiger Gegenpol zu der mit dem Alter leider schwindenden Kontur unserer Gesichter. Lasst uns das nutzen!

WAS GIBT'S ZU BEACHTEN?

Die Form: Der Goldene Schnitt besagt, dass die perfekte Augenbraue zwei Drittel ihrer Länge ansteigt und im letzten Drittel fällt. Ihren Höhepunkt findet die Braue also in der Verlängerung zwischen Nasenspitze und Iris. Soweit die Theorie. Ich sage: Der natürliche Schwung Ihrer Brauen ist meistens auch der, der am besten zu Ihrer Gesichtsform passt.

Sie dürfen ruhig der Natur vertrauen und sich darauf beschränken, nur diejenigen Härchen wegzuzupfen, die vom Weg abgekommen sind. Lassen Sie Ihre Augenbrauen so natürlich wie möglich und verändern Sie ihren Schwung nur in Nuancen! Zupfen, ausbessern, verstärken – ja! Wegrasieren und komplett neu, womöglich in veränderter Form aufmalen oder (Worst Case!) sogar auftätowieren – auf gar keinen Fall! Auch Permanent Make-up (wie Microblading oder Ombré Eyebrows), mit dem Augenbrauen ›aufgefüllt‹ und intensiviert werden können, muss gut überlegt sein, denn das Ergebnis hält einige Jahre.

Die Farbe: Frauen mit dunklen Augenbrauen dürfen diesen Absatz überspringen. Wobei: vielleicht doch nicht. Denn das Färben der Brauen macht das einzelne Haar ein wenig dicker und lässt die Brauen üppiger wirken, auch ohne die Farbe zu verändern. Da mit dem Älterwerden Augenbrauen ausdünnen, kann Färben also auch bei dunkler Naturfarbe eine gute Idee sein. Blonde Frauen orientieren sich für die Brauenfarbe an ihrem Haaransatz (der ist meistens etwas dunkler als das Deckhaar), weißhaarige Frauen an ihrem früheren Haarton. Wer rote Haare hat, hat meistens blonde oder hellbraune Brauen und wählt eine Nuance dunkler. Wer seine Brauen nicht klassisch färben will, der greift zu Brauentusche oder -puder. Beides tönt die Brauen nicht nur, sondern lässt sie insgesamt fülliger wirken.

Die Pflege: Vor allem die Generation 50 plus leidet bis heute unter dem Kahlschlag der 1990er-Jahre. Gott sei Dank gibt es inzwischen Wachstumsseren (zum Beispiel RevitaBrow, M2 Beauté Eyebrow Renewing Serum oder Asam Beauty), die wirklich helfen können. Bei regelmäßiger Anwendung sprießen auch dort wieder Härchen, wo sie durch allzu fleißiges Zupfen schon verschwunden waren. Auch Rizinusöl soll bei überzupften Brauen helfen.

WO KRIEGT MAN'S?

Benefit: Der Brauenspezialist unter den Kosmetikfirmen. Benefit Cosmetics hat 2003 die Brow Bar erfunden. Dort können sich Kundinnen beim Einkaufsbummel oder in der Mittagspause zwischendurch schnell mal die Brauen ›machen‹ lassen. Gewaxt, gezupft und gefärbt wird ohne Kabine direkt am Verkaufstresen, mitten in den Kosmetikabteilungen großer Kaufhäuser. Wer es bei Schönheitsbehandlungen diskreter mag, wird sich hier ver-

Links Transparentes Brauen-Gel: Bringt die Brauen in Form und pflegt obendrein.

Oben Brauenpuder von Dr. Hauschka: Verleiht Brauen mehr Fülle und dem Gesicht mehr Ausdruck.

mutlich nicht wohlfühlen. Daneben verfügt Benefit über ein sehr umfangreiches Angebot für Brauenkosmetik: Von Pflegeprodukten über Wachstumsseren bis hin zu Augenbrauenstift, Puder und Tusche ist alles dabei.
→ benefitcosmetics.com

Bobbi Brown: Die Make-up-Artistin Bobbi Brown hat seit 1991 ein Kosmetikimperium erschaffen und bietet auch dekorative Kosmetikprodukte für Augenbrauen an. Aus eigener Erfahrung kann ich die Brauentusche empfehlen, die es in fünf Farbtönen gibt.
→ bobbibrown.de

Dr. Hauschka: Dr. Hauschka gehört zu den Pionieren der Naturkosmetik in Deutschland. Die Marke wurde 1967 innerhalb der anthroposophisch orientierten WALA Heilmittel Gesellschaft ins Leben gerufen, deren Gründer Dr. Rudolf Hauschka Namensgeber für die Kosmetiklinie war. Das Sortiment von Dr. Hauschka umfasst auch dekorative Kosmetik, darunter Farbpuder sowie spezielle Pflegeprodukte für die Brauen.
→ drhauschka.de

Pixi: Das britische Beauty-Label ist seit gut 20 Jahren auf dem Markt und überzeugt immer wieder durch besonders praxistaugliche Produkte. Auch Brauenkosmetik in Form von Gel, Stiften, Puder und Tusche in vielen Farbtönen gehört zum umfangreichen Portfolio.
→ pixibeauty.com

STYLEGUIDE

Das Nickituch

»Nickituch, ernsthaft?«, werden Sie sich vielleicht fragen, wenn Sie dieses Kapitel aufschlagen. »Wäre ein Seidentuch von Hermès nicht passender?« Tatsächlich war ein Halstuch dieser französischen Luxusmarke mein größter Wunsch, als ich mein Studium beendet und meinen ersten Job angetreten hatte. Ein Wunsch, den ich mir klopfenden Herzens erfüllte: schwere Seide, gerollte Kanten, farbenfrohe, aufwendige Prints, gekauft in Münchens Luxusmeile, der Maximilianstraße. Wie erwachsen ich mich damit fühlte!

Zwei Hermès-Seidencarrés später steht mir das Erwachsensein schon lange ins Gesicht geschrieben – Nachhilfe ist da nicht mehr nötig, im Gegenteil. Und da kommt das Nickituch ins Spiel. Weil dieses freche, kleine Tüchlein uns – davon bin ich fest überzeugt! – jünger macht. Ja, man könnte sagen: Warum Botox und Filler anwenden, wenn es doch Nickitücher gibt?

Das Nickituch ist die kleine, vorwitzige Schwester des schweren und eleganten Seidentuchs. Es misst rund 50 mal 50 Zentimeter, manchmal ein bisschen weniger, manchmal ein bisschen mehr (so genau nimmt man das nicht) und wird auch als Bandana bezeichnet. Das kommt übrigens – hätten Sie's gewusst? – aus dem Sanskrit und bedeutet ›binden‹. Und nicht mal das typische kleinteilige Muster, das viele Baumwoll-Bandanas ziert, stammt aus heimischen Gefilden, sondern aus Indien und Persien.

Über Kolonisation und Handel fanden die kleinen Baumwolltücher dann ihren Weg in die westliche Welt. Dort wurden sie von der arbeitenden Bevölkerung getragen, um den Schweiß anstrengender Arbeit aufzusaugen. Cowboys (und Cowgirls) tragen sie, um sich gegen Sandstürme in der amerikanischen Prärie zu schützen, Seeleute vor Sonnenbrand, Schornsteinfegerinnen gegen Rußpartikel. In den 1950er-Jahren banden sich Mädchen das Nickituch in die Haare oder um den Pferdeschwanz, in den 70ern waren Bandanas unerlässlich, um auf Musikfestivals die lange Mähne an Ort und Stelle zu halten. Immer wieder waren die Tüchlein aber auch Zeichen politischer Überzeugungen. Der spätere US-Präsident Eisenhower bedruckte ein Nickituch etwa mit seinem Konterfei und nutzte es 1952 für seinen Wahlkampf.

Und heute? Heute schlingt man die kleinen Tücher ums Handgelenk, bindet sie an die Griffe von Handtaschen. Oder trägt sie als kleinen Blickfang um den Hals: zu Bluse oder Pulli, zu Shirt und Blazer. Werden schwere und große Seidentücher kompliziert gefaltet und drapiert, so bindet man das Nickituch einfach irgendwie … es passt immer! Es ist wohl genau diese kecke Unbeschwertheit, die Leichtigkeit, die lebensfrohe Unkompliziertheit, die das Nickituch – und damit seine Trägerin – verjüngt. Glauben Sie nicht? Probieren Sie es doch einfach mal aus!

WAS GIBT'S ZU BEACHTEN?

Die Größe: Viel größer als 50 mal 50 Zentimeter sollte ein Nickituch nicht sein. Ich persönlich finde ja: je kleiner, desto frecher! Praktisch sind übrigens auch die sogenannten Twillys – eine Art vorgefaltetes Nickituch, das sich insbesondere dann anbietet, wenn man das Tuch um das Handgelenk oder um einen Taschenriemen schlingen möchte.

Das Material: Nickitücher aus Seide und Baumwolle sind besonders angenehm, zumal sie ja meistens sehr körpernah getragen werden. Je eleganter Ihr Outfit, desto feiner sollte der Stoff sein. Für einen lässigen Look hingegen passt Baumwolle perfekt.

Das Muster: Kleinteilige und wiederkehrende Dessins sind typisch für Nickitücher, besonders für die aus Baumwolle. Auf Seide sind aber auch florale oder grafische Muster und Illustrationen schön. Lassen Sie einfach Ihre Laune entscheiden!

WIE WIRD'S GESTYLT?

Tragen Sie Ihr Nickituch …
   klassisch: als Einstecktuch im Blazer oder als Halstuch zur weißen Bluse, zum Kostüm oder Hosenanzug.
   lässig: als Stirn- oder Haarband. Googeln Sie doch mal nach den vielen verschiedenen Bindemöglichkeiten!
   extravagant: ums Handgelenk oder den Henkel Ihrer Handtasche. Ein Twilly ist hier eine gute Alternative.

WO KRIEGT MAN'S?

Hermès: Für seine Birkin und Kelly Bags ist Hermès weltbekannt. Aber auch den Seidentüchern eilt ein Ruf voraus. So sehr, dass das Hermès-Seidentuch sogar einen eigenen Wikipedia-Eintrag hat (das Tuch wohlgemerkt – das Unternehmen natürlich auch). So viel Ruhm hat seinen Preis: Seiden-Carrés von Hermès kosten – je nach Größe – zwischen 200 und 400 Euro (mindestens). Dafür hat man aber auch ein Accessoire zum Weitergeben und Vererben!
→ *hermes.com*

Codello: Gründer und Namensgeber war der Italiener Rinaldo Codello, der in den 1920er-Jahren nach München kam und dort eine erste Tücherkollektion entwarf. Markenzeichen waren klassische Motive, die er neu interpretierte und auf Seide drucken ließ. In den 80ern wurde die Firma an eine deutsche Unternehmerfamilie verkauft, die unter dem Markennamen Codello bis heute Tücher, Schals und Accessoires im mittleren Preissegment entwirft und verkauft.
→ *codello.de*

Fraas: Das fränkische Textilunternehmen aus der Nähe von Hof wurde 1880 gegründet und ist bis heute in Familienbesitz. Fraas nennt sich The Scarf Company und fertigt – nomen est omen! – Schals und Tücher für Damen und Herren. Nickitücher werden aus Seide und Polyester produziert und bewegen sich im moderaten Preissegment.
→ *fraas.com*

Friendly Hunting: Das Label mit dem ungewöhnlichen Namen stammt aus dem Chiemgau und wurde dort im Jahr 2005 gegründet. Der Spezialist für hochwertige Kaschmir- und Seidentücher hat sich den freundlichen Umgang mit Menschen, Tieren und Ressourcen auf die Fahne geschrieben. Die wunderschönen und ausdrucksstarken Tücher werden in Nepal handgefertigt; über einen Trackingcode wird der achtsame Umgang mit Tier und Natur in der Produktionskette transparent gemacht. Das Unternehmen betreibt seit 2013 in Kathmandu außerdem ein Kinderheim für Waisen.
→ *friendly-hunting.com*

Unkompliziert, schön und nachhaltig produziert: Friendly Hunting will die Welt ein bisschen besser machen.

PORTRÄT

Etelka Kovacs-Koller ist Malerin und hat den Schrank voller Blau und Schwarz.

Am liebsten trägt sie Blaumann, Shoppen hasst sie und die Maßlosigkeit der Modebranche ist für Etelka ein echtes Ärgernis. Dennoch ist Mode für sie auch Kunst – vielleicht die wichtigste Kunstform überhaupt.

Porträt Etelka Kovacs-Koller

Je weniger etwas optisch harmoniert, desto interessanter finde ich es.

Wer Etelka Kovacs-Koller in ihrem Zuhause besuchen möchte, braucht ein signalstarkes GPS und Vertrauen ins Navigationsgerät, das einen über Nebenstraßen und -sträßchen ins Nirgendwo zu führen scheint. Und plötzlich ist man dann doch angekommen: bei der alten Hofstelle irgendwo im Bayerischen Wald. Hinterm Haus nur Wiesen, Wälder und das Rauschen eines Baches. Vor dem Haus der Blick ins Tal. Man muss weit schauen, bis man die nächsten Häuser sieht. »Hier oben grüßen einen nur Fuchs und Hase. Und unsere Katzen!«, lacht Etelka, meinem Blick folgend, während sie mir einen Becher Kaffee reicht.

Etelka ist Malerin. »Ich male seit 50 Jahren und seit einigen Jahrzehnten lebe ich ausschließlich von der Kunst.« Vor zwölf Jahren ist sie mit ihrem Lebensgefährten aus Berlin in die Abgeschiedenheit des Bayerischen Waldes gezogen und hat den alten Bauernhof zum Atelier umgestaltet. »Ich mag die Einsamkeit und die Zurückgezogenheit als Kontrast zu den Action-Painting-Workshops, die ich gebe.« Die übrigens häufig von großen Mode- und Kosmetikunternehmen gebucht würden: Yves Saint Laurent war schon darunter, Lâncome und auch Benefit Cosmetics. Ansonsten habe sie persönlich mit Mode eher wenig am Hut, gesteht sie mir – wo es in unserem Gespräch doch um Mode gehen soll. »Meistens trage ich einen Blaumann.« Davon hat sie allerdings einen ganzen Schrank voll. Wobei Mode für Etelka durchaus eine Kunstform ist. »Es ist doch so: Nichts bringt den aktuellen Zeitgeist deutlicher zutage, und da Mode alle Menschen umfasst und beschäftigt, ist sie vielleicht sogar die wichtigste Kunstform überhaupt!« Mit Neugier blickt sie deshalb in die Zukunft der Mode: Welche High-Tech-Materialien erwarten uns? Können die sich unserer Körperform und der Temperatur anpassen? Oder sogar Farbe und Struktur ändern? »Vielleicht haben wir ja künftig anstatt eines Kleiderschranks einen

---

ETELKA

Lieblingsmarke
Vivien Westwood

Stil-Ikone
Vivien Westwood

Lieblingsstil
Klassisch, schlicht, schwarz

Lieblingsteil im Kleiderschrank
Blaumann

Mantra
»Alles ist gut und wird immer besser!«

Seite 130 Gespannt blickt Malerin Etelka Kovacs-Koller in die Zukunft der Mode: Wie wird die Kleidung von morgen wohl aussehen?

Rechts Schminke trägt Etelka kaum. Ausnahme: knallroter Lippenstift.

Die beste Zeit für guten Stil

Porträt   Etelka Kovacs-Koller

FÜNF KEY PIECES, DIE JEDE FRAU IM SCHRANK HABEN SOLLTE

»Jede Frau sollte das im Schrank haben, womit sie sich gut fühlt.«

Links Kunst ist Etelkas Leben. Ihre farbenfrohen Bilder sprühen vor Energie und Lebensfreude.

Brauchen wir denn wirklich immer häufiger noch mehr von allem?

3D-Drucker im Schlaf- oder Ankleidezimmer stehen. Und der druckt uns jeden Morgen etwas Frisches aus, das nach dem Tragen nicht gewaschen, sondern recycelt wird?« Interessante Idee!

Geboren ist Etelka in Ungarn. Ihre erste Erinnerung an Mode? Die Großmutter, die für sie nähte. »Das nächtliche Surren einer mechanischen Singer-Nähmaschine hat meine Kindheit begleitet. Meine Großmutter hat unglaubliche Wunderwerke geschaffen: Aus Vorhängen wurden Cocktailkleider für meine Mutter, aus Bettwäsche Sommerkleider mit eingenähter Spitze, aus alten Tischdecken und aus Teppichen entstanden sogar Handschuhe!« Aus allem, was noch irgendwie verwertbar war, wurde etwas Neues geschaffen. Damals, als Kind, hat sie das lange Stillstehen bei der Anprobe und die Pikserei durch die Stecknadeln allerdings genervt, und erst sehr viel später wurde ihr bewusst: Ihre Oma hatte mit der Schneiderei auch für sie die Tore der Kreativität geöffnet.

Die Jugend in West-Berlin wurde dann eher punkig. »Schon damals habe ich gerne Latzhosen getragen. Und das tue ich auch heute noch!« Überhaupt habe sich ihr Geschmack und ihr Stil kaum verändert. Allerdings ist sie heute sicherer und stärker als vor 20, 30 oder 40 Jahren und lässt sich von Trends und von Wünschen, wie sie auszusehen habe, noch weniger beeinflussen als früher. »Ich trage, worauf ich Lust habe!« Wenn sie nicht einen ihrer vielen Blaumänner oder Latzhosen anhat, kleidet sich Etelka am liebsten in Schwarz, gelegentlich aufgemischt mit etwas Weiß. »Ich mag es gerne schlicht und unauffällig. Im Mittelpunkt zu stehen ist nicht so meins!« Praktischer Nebeneffekt: »Das Problem ›Was ziehe ich an?‹ kenne ich nicht! Passt immer alles zusammen!« Schmuck trägt sie keinen, geschminkt wird nur sehr dezent (Ausnahme: roter Lippenstift) und Handtaschen haben nur einen Zweck: Papier und Stifte zu transportieren, damit Etelka immer und überall spontan zeichnen kann. Nur bei Schuhen wird Etelka schwach. »Ich liebe schöne Schuhe! Erst kaufe ich sie – und dann stelle ich fest, dass ich sie nicht tragen kann, weil sie nicht optimal passen.«

Von Schuhen abgesehen kauft Etelka nicht gerne ein. »Mich stresst Einkaufen. Deshalb vermeide ich es, so gut ich kann, und kaufe wenn dann online.« Gute Qualität sei dabei essenziell: »Ich konsumiere bewusst und habe Dinge gerne sehr lange um mich. Das gilt auch für Kleidung. Was nicht mehr für die Öffentlichkeit taugt, wird zum Arbeiten, zum Malen angezogen.« Um so mehr nervt es sie, dass die Modebranche Bedürfnisse künstlich erzeugt und die Werbung das noch befeuert. »Brauchen wir denn wirklich immer häufiger noch mehr von allem?« Bei Etelka hängen deshalb auch viele Second-Hand-Klamotten im Schrank und Vintage würde sie gerne häufiger tragen. »Ich finde es sehr spannend, schöne und hochwertige Kleidungsstücke neu zuzuschneiden und zu gestalten.« Allein: Zum Umarbeiten fehlt ihr die Geduld.

Was sie Frauen über 45 in Sachen Mode und Stil sagen möchte? »Sei einfach du. Denn außer dir selbst kann es niemand sein. Und zeig, wer du bist.«

Sei du selbst und zeig, wer du bist!

STYLEGUIDE

Der Tüllrock

Vermutlich war es Carrie (Bradshaw), die mich mit dem Tüllrock-Virus ansteckte. Anfang der 2000er-Jahre muss das gewesen sein, als sie mit drei weiteren New Yorkerinnen den Big Apple in genau diesem Kleidungsstück unsicher machte – während ich mit drei kleinen Kindern auf einem Dorfspielplatz saß, im fleckigen Shirt und mit Sand in den Haaren.

Seitdem steht für mich der Tüllrock dafür, das Leben zu tanzen. Er steht für die Leichtigkeit des Seins, für ein Leben, das bei jedem Schritt schwingt, raschelt und uns Freude macht. Für das Dolce Vita im Alltag. Aus diesem Grund ist er in diesem Stilratgeber gelandet: Denn wir Frauen mit ein paar (oder auch mehr) grauweißen Haaren auf dem Kopf und Falten im Gesicht und Jahren im Reisepass, auch wir dürfen träumen und Sehnsüchte haben und die Leichtigkeit leben. Ja, wir sollen sogar!

Übrigens: Tüll wurde nach der französischen Stadt Tulle benannt, wo er bereits im 17. und 18. Jahrhundert (damals noch sehr aufwendig) gefertigt wurde. Sein Siegeszug als Stoff für die besonderen Momente im Leben begann mit der Industrialisierung: Anfang des 19. Jahrhunderts wurde die Bobinet-Maschine erfunden, sodass das feine Material maschinell und deshalb in größeren Mengen hergestellt werden konnte. Zu den ersten Tüllfans gehörte übrigens Kaiserin Sissi, für die Charles Worth, ein zeitgenössischer Modeschöpfer und Begründer der Haute Couture, ein Ballkleid aus hellem Tüll entwarf, sodass sie einer Wolke gleichend einherschwebte.

Der Tüllrock also. Wer dabei an meterlanges roséfarbenes Gebausche denkt, in dem man versinkt wie in einem Sahnebaiser, hat recht – manchmal. Zum Signature-Look des italienischen Couturiers Giambattista Valli etwa gehören aufsehenerregende Tüllkreationen, in denen über 300 Meter des hauchfeinen Stoffs stecken. Es geht aber auch anders. Wer einen Tüllrock trägt, muss nicht notwendigerweise wie ein zuckriges Cupcake auf Beinen wirken. Das haben diverse Designerinnen in den letzten Jahren bewiesen, in deren Kollektionen der Tüllrock Einzug hielt. Was anfänglich noch als gewagter Street Style galt, ist nunmehr ein Look, der nicht nur bei Instagram gut aussieht. Nur zu einer Gelegenheit sollten Sie keinen Tüll tragen: zu Hochzeiten, denn da ist dieser Stoff ausschließlich der Braut vorbehalten.

WAS GIBT'S ZU BEACHTEN?

Das Material: Tüll ist ein sehr feiner, leichter, netzartig gewebter Stoff mit unterschiedlicher Festigkeit aus verschiedensten Materialien, etwa Baumwolle, Seide und Kunstfaser. Je mehr ›Stand‹ das Material hat, desto glockiger und breiter wirkt der Rock und desto mehr trägt er über den Hüften auf. Je fließender und weicher der Stoff fällt, desto schmaler ist die Silhouette.

Der Schnitt: Von knie- bis bodenlang ist alles möglich. Je länger der Rock, desto festlicher wirkt er. Und je fester der Tüll, desto ausladender und auffälliger.

Die Farbe: Tüllröcke sind ohnehin ein Blickfang, besonders die mit mehr Stand. Knallige Farben oder gemusterten Tüll würde ich deshalb vermeiden, sonst könnte der Look etwas ›karnevalesk‹ wirken: Mit Schwarz, Grau, cremigem Weiß, Beige und Taupe sind Sie auf der sicheren Seite.

WIE WIRD'S GESTYLT?

Tragen Sie Ihren Tüllrock …
klassisch: aus schwarzem fließenden Tüll zu eleganten Pumps und zur Abend-Clutch. Der perfekte Look für jede festliche Veranstaltung.
lässig: mit einem Oversize-Wollpulli und Converse-Sneakers. Passt am besten zu Tüll in Beige- oder Grautönen. Auch eine Jeansjacke lässt sich wunderbar zum Tüllrock tragen.
extravagant: mit schwarzem Tüll zur schwarzen Leder- oder Bikerjacke. Dazu Boots oder silberne Sneakers.

WO KRIEGT MAN'S?

needle & thread: Das kleine britische Label ist seit 2013 auf dem Markt. Gefertigt wird festliche Damen- und Brautmode zu moderaten Preisen, darunter auch Tüllröcke.
→ *needleandthread.com*

Lace & Beads: Bereits seit 1976 bietet das Unternehmen aus London bezahlbare Mode für elegante Gelegenheiten und Hochzeiten. Manches mutet zwar ein wenig nach *Bridget Jones* an – aber ein paar hübsche, schlichte Tüllröcke sind dabei.
→ *laceandbeads.co.uk*

Giambattista Valli: Darf's ein bisschen mehr sein? Dann lohnt der Blick bei Giambattista Valli, der prachtvolle Abendroben für Haute Couture oder Prêt-à-porter entwirft und fertigt – auch Tüllröcke. Allerdings sollten Sie ausreichend Kleingeld mitbringen. Auf eBay & Co. können Mutige (!) auch noch Looks aus der Kooperation mit H & M vom Herbst 2019 erwerben.
→ *giambattistavalli.com*

Etsy: Auf etsy.com, einem großen Online-Marktplatz für Selbstgemachtes, gibt es zahlreiche kleine Schneiderinnenshops, die Tüllröcke anbieten. Einfach das Wort »Tüllrock« in die Suchfunktion eingeben – voilà: Tüllröcke in diversen Größen und Varianten, die oftmals auch nach Kundinnenwunsch konfektioniert werden.
→ *etsy.com*

Zalando und Asos: Beide Online-Modeversandhäuser haben Tüllröcke von schlicht bis verrückt im Programm! Nicht alles ist tragbar (oder nur für sehr junge Kundschaft) – aber ein Blick lohnt sich allemal.
→ *zalando.de*
→ *asos.de*

Mein Plädoyer für den
Tüllrock: Das Leben ist ein
Fest! Lasst es uns tanzen!

STYLEGUIDE

Der rote BH

Vor ein paar Jahren kaufte ich mir einen roten BH. Nicht bordeaux, nicht rosé. Rot war er. Pariser Rot, Sie wissen schon … Natürlich kam ich mir ziemlich verrucht vor: Wie ich da stand, in der Ankleide, und diesen gewagten roten BH anprobierte. Und das passende Höschen gleich noch dazu. War das angemessen, passend? Wann sollte ich das Teil denn überhaupt tragen? Und: Musste ich dieses hauchzarte Etwas womöglich mit der Hand waschen?

Es ist doch so: Ab einem gewissen Alter lässt das Interesse an sinnlichem Darunter nach. Wir mögen es lieber praktisch. Schlicht. Und waschbar. Was schade ist: Denn schöne Dessous, ob nun in Knallrot, Creme oder Schwarz, sind perfekt, um sich jeden Tag ein bisschen attraktiver zu fühlen. Machen Sie gerne die Probe aufs Exempel und stellen Sie sich im angegrauten Büstenhalter samt ausgeleiertem Schlüppi vor den Spiegel – und danach im schwarzen oder gar roten Spitzen-BH samt Höschen. Na? Das Erlebnis räumt dann auch gleich mit dem Gerücht auf, schöne Dessous wären für die Herren der Schöpfung gemacht. Nein: Sie sind für uns Frauen da und dienen vor allem unserem ureigenen weiblichen Wohlbefinden.

Man denke zurück an die Korsetts der früheren Jahrhunderte. Mehrere Kilos wogen diese steifen Dinger und quetschten unsere Organe. Nicht mal ordentlich Luft bekam man darin, weswegen Frauen ständig in Ohnmacht fielen. Ab Mitte des 19. Jahrhunderts kam aber Bewegung in die Sache: Erste BH-Prototypen wurden entwickelt – aus heutiger Sicht ein Mix aus Sadomaso-Fetisch und Hosenträgern, der verständlicherweise wenig erfolgreich war. Im Jahr 1912 dann der Durchbruch: Der schwäbische Textilfabrikant Sigmund Lindauer – ja, ein Mann! – entwickelte den Körbchen-BH zur Serienreife, patentierte ihn und brachte ihn unter dem Namen Hautana auf den Markt. Was für ein Befreiungsschlag! Kein Wunder, dass mit dem erschwinglichen Büstenhalter, der Frauen endlich Bewegungsfreiheit bot und Luft zum Atmen ließ, die Frauenbewegung an Fahrt aufnahm, immer mehr Frauen erwerbstätig wurden und ihre Rechte einforderten. Das lag – nicht nur, aber auch – am BH!

Bis heute gehört der Büstenhalter für uns Frauen zu unseren wichtigsten Kleidungsstücken, und gleichzeitig zu den meistgehassten. Mit seinem Sitz steht und fällt unsere Laune. Weshalb beherzte Fachberaterinnen (»Sie sind keine 75 D, sondern eine 80 C!«) zu unseren besten Freundinnen gehören sollten. Ich kenne Frauen, die reisen zum Wäschegeschäft ihres Vertrauens durch die halbe Republik. Und ich verstehe das.

Den roten BH samt Höschen habe ich damals trotz erster Bedenken natürlich dennoch erstanden. Ein Hauch von Frivolität kann im Leben nicht schaden.

WAS GIBT'S ZU BEACHTEN?

Die Größe: Angeblich tragen 60 Prozent aller Frauen einen Büstenhalter, der ihnen nicht optimal passt. Meistens ist die Unterbrustweite zu groß und die Körbchengröße zu klein. Das führt dazu, dass der BH keinen Halt bietet und die Brüste nicht optimal gestützt werden. Die Folge: Rückschmerzen und Druckstellen. Der BH rutscht, zieht ständig und macht auch keine gute Figur.

Büstenhalter sollten deshalb unbedingt im Fachgeschäft und mit kundiger Beratung gekauft werden. Dass die Verkäuferin selbst Maß nimmt und den Sitz des BHs angezogen überprüft, gehört dazu.

Das Material: Büstenhalter, gerade die feineren mit Spitze, werden zumeist aus Kunstfaser – Polyamid, Polyester und Elastan – gefertigt. Das ist insoweit sinnvoll, als dieses Material belastbar ist und der BH somit seine Form behält. Vor allem bei großen Größen ist das wichtig, sonst ist der BH schnell ausgeleiert. Bei sehr hochwertigen Modellen wird die Spitze aus Seide gefertigt und auf den BH-Body aufgenäht.

Die Form Mit oder ohne Bügel? Für beides gibt es gute Gründe. Zum einen ist es eine Frage des Geschmacks und der Bequemlichkeit, zum anderen bieten Bügel-BHs bei größeren Brüsten mehr Halt und machen eine bessere Figur. Mit der richtigen Passform und in der optimalen Größe sehen BHs mit und ohne Bügel sinnlich und sexy aus.

WIE WIRD'S GESTYLT?

Tragen Sie Ihren roten BH …
   klassisch: unterm T-Shirt, der Bluse, dem Hemd. Übrigens: Rote Wäsche sieht man unter weißen Oberteilen nicht. Glauben Sie nicht? Probieren Sie's aus!
   lässig: indem Sie Ihr Shirt/Ihre Bluse etwas über die Schulter ziehen und den BH-Träger ein wenig hervorblitzen lassen. Die Zeiten, in denen Büstenhalter unsichtbar sein mussten, sind schon lange vorbei.
   extravagant: unter einer Jeans- oder Lederjacke. Sonst nichts. Lassen Sie ruhig einen Knopf mehr offen …

WO KRIEGT MAN'S?

La Perla: Bologna, im Jahr 1954. Ada Masotti eröffnet ein Atelier für Miederwaren. Es wird der Grundstein für das Weltunternehmen La Perla, das wie keine andere Marke für verführerische, luxuriöse Lingerie steht. Dessous von La Perla sind keine Unterwäsche, sondern kleine Kunstwerke aus Spitze und Stickereien. Oh, là, là!
→ *laperla.com*

Triumph: Das Wäscheunternehmen Triumph – benannt übrigens nach dem Pariser Arc de Triomphe – wurde 1886 als Korsettmanufaktur im schwäbischen Heubach gegründet. In den 1920er-Jahren bringt Triumph seine ersten Büstenhalter auf den Markt, in den 30ern folgen trägerlose Corsagen und BHs mit Wechselträgern. Heute ist Triumph weltweit mit 1.650 Geschäften vertreten.
→ *triumph.com*

Links Sorgt für mehr Farbe und einen Hauch Frivolität im Leben: der rote BH (hier sogar aus nachhaltiger Fertigung von Lovjoi).

Chantelle: Auch das französische Dessous-Label Chantelle startete – im Jahr 1876 – als Korsettmacherei. Als erstes Unternehmen entwickelte es 1878 ein Material, das in zwei Richtungen elastisch war. In den 1920er-Jahren kamen die ersten BHs auf den Markt, aber erst 1949 wird der Markenname Chantelle gelauncht.
→ *chantelle.com*

PrimaDonna: PrimaDonna ist eine deutsche Traditionsmarke, die seit 1990 in belgischer Hand ist. Salomon Lindauer (der Vater des ersten BH-Serienherstellers) fertigte ab 1890 Korsetts unter diesem Markennamen. Heute bietet PrimaDonna hochwertige Büstenhalter speziell für größere Größen.
→ *primadonna.com*

Lovjoi: Das junge Label aus der Schwäbischen Alb startete im Jahr 2014 mit T-Shirts aus nachhaltiger Produktion. Mittlerweile bietet Lovjoi auch wunderschöne und sinnliche Dessous. Die Materialien sind überwiegend fair hergestellt und entsprechen dem OEKO-TEX®-Standard 100.
→ *lovjoi.de*

Coco Malou: Wie schön und luxuriös Eco-Lingerie sein kann, das zeigt das nachhaltige Unterwäsche-Label Coco Malou aus Stuttgart. Die Büstenhalter wirken ebenso feminin und verführerisch wie solche aus herkömmlicher Fertigung. Wunderschön. Einziger Haken: Für größere Brüste habe ich nichts gefunden – und auch rote BHs sind keine dabei.
→ *coco-malou.com*

PORTRÄT

Mel Buml ist Foodbloggerin und bricht gerne Stilregeln.

Für Mel muss Mode kreativ sein und Spaß machen. Sich zu verändern, auszuprobieren, an Grenzen zu gehen und auch mal mit Konventionen zu brechen ist Teil davon. Dass sie keine Hosen, sondern nur Röcke und Kleider trägt, empfindet sie als Befreiung.

Porträt Mel Buml

Mein Stil ist immer in Bewegung und verändert sich ständig.

Hamburg ist Mel Bumls Wahlheimat. Hier lebt sie seit über 20 Jahren, mittlerweile mit Mann und Sohn in der Schanze, einem alternativen Stadtbezirk. »Ich komme aus dem Pott, aus einer kleinen Zechenstadt mitten im Ruhrgebiet.« Zum Studieren ist sie dann in den Norden gezogen. Berufsschullehramt für gestaltende Berufe wie Malerinnen und Lackiererinnen, Schau- und Werbegestalterinnen oder auch Rahmenvergolderinnen. Vor der Verbeamtung erkennt Mel aber: Das passt doch nicht so gut wie gedacht. Und startet komplett neu – in einer Werbeagentur. Dort arbeitet sie sich hoch, von der Praktikantin über die Beraterin bis zum Strategy Director – mittendrin kommt ihr Sohn zur Welt. »Agentur und Kind? Für Frauen war das vor 15 Jahren immer noch schwierig.« Mel hat es als erste Frau unter 300 Agenturangestellten trotzdem gewagt. Ein paar Jahre später stellt sie dann noch mal alles auf Anfang und macht ihr Foodblog *Foxy Food*, das bis zu diesem Zeitpunkt nebenher lief, zum Hauptberuf. Gekocht wird übrigens ohne Schürze. »Meine Klamotten müssen das aushalten – und maschinenwaschbar sein!«

Liebe Mel, dein Stil ist alles andere als nullachtfünfzehn – inwieweit ist er Ausdruck deiner Persönlichkeit? Vorweg: Den einen Stil habe ich nicht. Bei mir ist alles im Fluss und in Bewegung. Ich hatte schon einige ›Mode-Persönlichkeiten‹, sprich Phasen, in denen ich mich stilistisch ganz unterschiedlich ausgelebt habe – und da werden sicherlich noch weitere folgen. Von daher ist mein Stil weniger Ausdruck meiner Persönlichkeit als der Lebenssituation, in der ich mich befinde, und dessen, wofür ich mich gerade begeistere. Früher war das mal Techno, mal Grunge, und

---

MEL

Lieblingsmarke
Die englische Retro-Marke Collectif

Stil-Ikone
Madonna (in ihren jüngeren Jahren), Karl Lagerfeld, Vivienne Westwood, Iris Apfel

Lieblingsstil
(Derzeit) retro-modern-bequemer Mix mit einem klitzekleinen Hauch Extravaganz

Lieblingsteil im Kleiderschrank
Im Moment ein knielanger, ausgestellter dunkelblauer Jeansrock (weil der – entsprechend gestylt – immer und überall geht)

Mantra
»Man muss es sich schön machen (im Leben und unbedingt auch in der Mode).«

Seite 144 Den einen Stil? Gibt es für Mel Buml nicht. Sie lebt und liebt die Veränderung.

Rechts »Ich habe mich früher modisch ziemlich ausgetobt. In einer Steuerkanzlei hätte ich so nicht arbeiten können.«

Die beste Zeit für guten Stil

Porträt   Mel Buml

FÜNF KEY PIECES,
DIE JEDE FRAU IM SCHRANK
HABEN SOLLTE

Oben Mel trägt nur Röcke und Kleider. Darin macht sie sogar Bergtouren oder geht Kanu fahren.

Ein bequemes, gut sitzendes, pflegeleichtes, kniebedeckendes Kleid. Man will es einfach nie wieder ausziehen.

Sneakers – egal ob schlicht oder bunt und mit Glitter: in jedem Alter nie wieder Fußschmerzen und immer zeitgemäß angezogen.

Einen BH, der wirklich passt.

Ein großes Tuch – perfekt als Grace-Kelly-Kopftuch oder Turban bei Sonne und Regen, als Schal um den Hals bei Zugluft, als Gürtel, als Deko an der Handtasche oder geknotet als nachhaltige Instant-Tragetasche für Spontankäufe.

Ein wirklich verrücktes Lieblingsteil, das man vielleicht nur ein einziges Mal im Jahr anziehen kann. Auf das sich das Warten aber wirklich lohnt.

auch meine Business-Phase hat sich niedergeschlagen, wenn auch nicht auf die ganz klassische Art.

Dann erfindest du dich immer wieder neu? Jein. Es ist ja keine bewusste Entscheidung für einen neuen und anderen Stil. Es sind Veränderungen in meinem Leben, die sich peu à peu auch stilistisch äußern. Früher habe ich mich dabei ziemlich intensiv ausgelebt, geradezu ausgetobt – bis ins Detail. Da konnte es Anfang der 2000er schon vorkommen, dass ich wie ›die Heidi von der Alm‹ mit geflochtenen Zöpfen, Trachtengürtel und einer auffälligen Kette mit Kuhkopf-Anhänger ins Büro gestiefelt bin. Dass ich in der Werbung gearbeitet habe und man in der Kreativ- und Kommunikationsbranche modisch auch ungewöhnlich unterwegs sein kann, war natürlich von Vorteil. In einem Steuerbüro oder selbst in der Marketingabteilung von Unternehmen hätte ich so vermutlich nicht auftauchen dürfen. Klassische Business-Klamotten wie Kostümchen und Pumps zu tragen – das wäre für mich eine Strafe gewesen. Ich habe einfach große Freude daran, mich modisch auszuprobieren und auszuleben.

Gibt es Menschen, die dich modisch inspiriert haben? Oder das immer noch tun? Spannend. Darüber habe ich in der Tat noch nie nachgedacht. Aber wenn ich so überlege … Madonna! Die fand ich als Teenie ganz großartig, sie hat mich durchaus beeinflusst. Ich bin ja eher konservativ erzogen worden, auch in Modefragen – und Madonna hat mir erstmals sehr deutlich gezeigt, dass man die konventionellen Stilregeln brechen kann. Das war für mich wie ein Weckruf – hin und wieder allerdings zur wenig großen Freude meiner Mutter *(lacht)*. Ich mag aber auch Karl Lagerfeld. Sicherlich war nicht immer alles nett, was er gesagt hat, aber was für eine Persönlichkeit! Diese Melange aus preußischer Disziplin, Pflichtbewusstsein, Kreativität und Liebe zur Mode … Ebenso Vivienne Westwood, seit Jahrzehnten eine spannende Frau – ohne Schlüpfer zur Queen, das muss man sich erst mal trauen. Ich lache immer noch! Oder die fabelhafte Iris Apfel. Einfach toll! Ich mag ein gewisses Maß an Exzentrik, wenn mit Konventionen gespielt wird und wenn Menschen Mode als Teil ihrer persönlichen Freiheit betrachten.

Thema Freiheit: Dass du nur Röcke und Kleider, aber keine Hosen trägst, ist dazu kein Widerspruch? Überhaupt nicht. Keine Hosen mehr zu tragen, war für mich sogar eine Befreiung! Seien wir doch mal ehrlich: Hosen, speziell Jeans, passen doch den wenigsten Frauen richtig gut. Mir zumindest ging es immer so, dass sie entweder am Bauch kniffen oder in der Taille abstanden. Denim ist steif und hart oder mit Elastan schnell labbrig und ausgeleiert. Ich habe mich darin nie gut gefühlt. Röcke und Kleider machen ein ganz anderes, viel freieres und sinnlicheres Körpergefühl. Und auch in Rock und Kleid kann man alles unternehmen: bergsteigen, kanufahren, die Wohnung streichen. Nur fürs Yoga habe ich tatsächlich eine Hose, allerdings mit sehr viel Stretch. Und darüber trage ich einen Rock. Ich liebe es!

Was würdest du Frauen ab 45 in Sachen Mode mitgeben? Das gilt jetzt grundsätzlich, für jede Frau in jedem Alter: Lasst euch von eurer Intuition leiten und in Modefragen nicht reinreden! Ich denke, die meisten Frauen wissen im Grunde, was ihnen steht und was sie gerne tragen wollen – werden aber von Trends, guten Ratschlägen sowie den Ansagen und Ansprüchen irgendwelcher Modemagazine immer wieder verwirrt. Wenn man sich stark an diesen Maßstäben orientiert, fühlt es sich an, als wäre man ein einziger Mangel. Von daher: Lasst euch nicht verunsichern! Macht euer Ding! Wir dürfen das.

STYLEGUIDE

Das Twinset

Wenn Sie bei Twinset als Erstes an englischen Landadel denken, an klassische Perlenketten und zierliche Ohrstecker, dann sind Sie nicht allein – und Sie haben auch recht. Denn erfunden wurde das Twinset tatsächlich auf der Insel, in Schottland, um genau zu sein, wo es das Wetter zweifellos erfordert, immer eine Strickjacke dabeizuhaben. Ende der 1930er-Jahre erdachte sich Pringle of Scotland das praktische Zwillings-Ensemble und kombinierte einen kurzärmeligen Pullover mit passendem Cardigan. So schützte das Twinset die Duchess, Countess oder Princess beim Rosenschneiden, Golfspielen oder Five o'Clock Tea auf der Schlossterrasse vor den Unbilden des britischen Wetters.

Dann landete das Ensemble im Hollywood-Klassiker *Rebecca*. In diesem Meisterwerk von Alfred Hitchcock aus dem Jahr 1940 wird Joan Fontaine durch eine Blitzhochzeit Herrin des englischen Landsitzes Manderley. Logisch, dass sie während der 90 Minuten des Films praktisch durchgehend ein Twinset trägt. Später feierte auch Grace Kelly die Strickkombination, dann geriet das Twinset in Vergessenheit und hing mit einem Duft, der irgendwo zwischen Kölnisch Wasser und Mottenkugeln changierte, in den Kleiderschränken unserer Großmütter … Erst in den 1980er- und 1990er-Jahren ward es wiederentdeckt: Damals studierte ich Wirtschaftswissenschaften, und ein Twinset gehörte an den BWL- und Jura-Fakultäten definitiv zur Grundausstattung einer angehenden Unternehmensberaterin, Wirtschaftsprüferin oder Star-Anwältin. Nun, die meisten wurden dann doch keine Top-Juristinnen und Konzernvorständinnen, und so verschwand das Twinset gemeinsam mit den hochfliegenden Berufsplänen wieder … bis es in den vergangenen Jahren ein Revival erlebte.

Aber zurück zum englischen Landadel: Natürlich kann man ein Twinset denkbar konservativ mit Perlen und Faltenrock tragen. Man kann es aber auch mit Jeans kombinieren oder zur eleganten Hose aus schwerer Seide und es mit Broschen (ja, mehreren!) bestücken. Mit Nickituch zur Caprihose versetzt es uns in Urlaubslaune, und zum schmalen Rock ist es mit auffälligem Goldschmuck immer noch und immer wieder ein Hingucker, auch im Büro. Von daher: Ein Twinset, zumal aus hochwertigen Materialien wie Kaschmir, Merino oder Seide, ist eine Anschaffung für Jahrzehnte, denn der klassische Schnitt mit Kurzarmpulli und rundem Ausschnitt zur schlichten Strickjacke mit Perlmuttknöpfen kommt nie, aber auch wirklich nie aus der Mode. Ein Must-have für alle, die gerne die Herausforderung annehmen, Klassiker immer wieder neu und spannend zu kombinieren!

WAS GIBT'S ZU BEACHTEN?

Das Material: Feinste Merino- oder Kaschmirwolle, eigentlich. Uneigentlich gibt es Twinsets mittlerweile in den unterschiedlichsten Qualitäten: von Baumwolle über Seide bis zu allerhand Mischgeweben. Wir leben nun mal nicht alle im kühlen England, nicht wahr?

Der Schnitt: Schmal, schlicht und kurz – schließlich will man beim Golfen oder Gärtnern nirgends hängen bleiben. Die längere Version: Der Pulli hat klassischerweise kurze

Ärmel und einen Rundausschnitt, die Jacke ist ein wenig länger geschnitten und mit kleinen Knöpfen (oft aus Perlmutt) versehen.

Die Farbe: Ich persönlich finde Twinsets immer noch in Schwarz, Beige oder Pastelltönen am schönsten. Aber auch kräftigere Farben sowie Muster (zum Beispiel Argyle-Rauten) oder auch Zopfmuster können toll wirken, je nachdem, wie man es kombiniert. Dabei müssen Pullover und Jacke nicht exakt gleich aussehen, aber doch zumindest dieselbe Farbe haben. Sonst verliert der Twinset-Look das, was ihn auszeichnet.

WIE WIRD'S GESTYLT?

Tragen Sie Ihr Twinset …
  klassisch: zum schmalen, knapp knielangen Rock (bitte nicht länger, sonst kann es hausbacken wirken), mit Pumps und einem Nickituch um den Hals, das Handgelenk oder den Henkel der Handtasche.
  lässig: zu Caprihose und Ballerinas. Sonnenbrille nicht vergessen! Jeans und Chinos gehen natürlich auch.
  extravagant: zum schwingenden Tüllrock oder zur Marlenehose mit breitem Gürtel und Ankle Boots.

WO KRIEGT MAN'S?

Pringle of Scotland: Pringle of Scotland wurde im Jahr 1815 im schottischen Hawick gegründet und hat dort bis heute seinen Hauptsitz. Als erstes Unternehmen der britischen Strickwarenbranche stellte Pringle of Scotland mit dem Österreicher Otto Weisz einen externen Designer ein. Und der gilt nicht nur als der Erfinder des Twinsets, sondern auch der klassischen Argyle-Rauten.
→ *pringlescotland.com*

John Smedly: Das englische Unternehmen existiert seit dem Jahr 1784 und ist damit einer der ältesten Textilfabrikanten weltweit. Bereits 1825 setzte es eine der ersten Strickmaschinen ein. In den 1950er- und 1960er-Jahren kleidete John Smedly auch viele Prominente ein, darunter Marylin Monroe und die Beatles. 2013 wurde die Marke durch Queen Elizabeth II. mit der Auszeichnung »Manufacturer of Fine Knitwear« geehrt.
→ *johnsmedley.com*

Iris von Armin: Das deutsche Modelabel Iris von Arnim steht seit Ende der 70er-Jahre für hochwertige (und sehr hochpreisige) Strickmode. Die Gründerin und Namensgeberin begann während eines langen Krankenhausaufenthalts mit dem Stricken und verkaufte ihre Pullover zunächst in kleinen Boutiquen. Später war sie neben Jil Sander eine der ersten Designerinnen, die Kaschmirwolle nach Deutschland brachte und daraus Pullis und Jacken fertigen ließ.
→ *irisvonarnim.com*

Repeat Cashmere: Repeat Cashmere wurde 1978 in der Schweiz gegründet und gehört zu den Marken, die Kaschmirwolle in den 1990er-Jahren breiter bekannt und zugleich erschwinglicher machten. Heute ist ein Teil der Kollektion nach GOTS, dem weltweit führenden Standard für nachhaltige, soziale und umweltschonende Textilproduktion, zertifiziert.
→ *repeatcashmere.com*

FTC Cashmere: Das Schweizer Modeunternehmen setzt seit seiner Gründung im Jahr 2003 auf hochwertige und edle Strickmode aus Kaschmir und auf ihre faire, menschen- sowie tierfreundliche Herstellung. Außerdem betreibt oder unterstützt FTC Cashmere soziale Projekte an seinen Produktionsstätten.
→ *ftc-cashmere.com*

Der Klassiker: Das Twinset, hier in der längeren Variante, ist die perfekte Ergänzung zu Röcken und Hosen.

STYLEGUIDE

Die Ballerinas

Ach, Ballerinas! In keinem Schuhwerk fühlen wir Frauen uns mädchenhafter als in klassischen Ballerinas. Plötzlich sind wir wieder 17, wollen Tänzerin werden oder Filmstar oder Prinzessin oder alles zusammen. Sofort denken wir an Audrey Hepburn, an Rom, an den Trevi-Brunnen, an ihren ebenso einfachen wie unvergesslichen Look mit flachen Ballerinas und Caprihose in *Ein Herz und eine Krone*. Natürlich würden wir am liebsten sofort wie sie aussehen, und dass wir es (höchstwahrscheinlich) nicht tun, tut unserer Schwärmerei keinen Abbruch.

In Ballerinas sind wir leicht und unbeschwert und tänzeln mit beschwingtem Schritt durch Fußgängerzonen oder sitzen mit lässig übergeschlagenen Beinen im Straßencafé. Ballerinas vermitteln das Flair von Sonne, Côte d'Azur und Dolce Vita – Audrey und Brigitte (Bardot) lassen grüßen, sie trugen *ballet flats* (wie Ballerinas auf Englisch heißen) in mehreren Filmen mit großer Begeisterung. Was kein Wunder ist – sie machen einfach gute Laune!

Dann hat also die Filmbranche die Ballerinas erfunden? Keineswegs! Wie der Namen schon sagt, wurden sie als straßentaugliche Variante von Ballettschuhen entwickelt und in den 40er-Jahren des letzten Jahrhunderts von der Modeschöpferin Claire McCardell in ihrer Kollektion präsentiert. Kurze Zeit später griff die *Vogue* den Trend auf und sorgte für einen regelrechten Hype.

Heute werden Ballerinas in zahllosen Formen und Farben gefertigt und getragen. Der klassische Ballerina-Schuh ist immer flach, mit dünnem Leder besohlt, vorne abgerundet und mit einem zierlichen Schleifchen versehen – was nicht heißt, dass andere Varianten nicht ebenso schön und vielleicht sogar bequemer sind. Denn auf eines müssen sich Ballerina-Neulinge (gibt es welche?) einstellen: Nur weil Ballerinas flach sind und komfortabel aussehen, sind sie noch lange nicht bequem. Und bloß weil sie vom Ballettschuh abstammen, läuft man darin nicht unbedingt grazil. Da heißt es üben, üben, üben – zumindest das haben die Ballet Flats mit ihren aufragenden Schwestern, den High Heels, gemeinsam. Sonst sieht der vermeintlich graziöse Ballerinagang nämlich sehr schnell nach weniger elegantem Entenwatscheln aus. Aber wer sich dieser Risiken bewusst ist, hat mit Ballerinas Schuhe im Schrank, die zu fast allen Anlässen passen: ins Büro und zum Stadtbummel ebenso wie zu festlichen Anlässen.

WAS GIBT'S ZU BEACHTEN?

Das Material: Klassische Ballerinas sind aus Glatt-, Velour- oder Lackleder in den Farben Schwarz, Rot und Dunkelblau. Wer es nicht ganz so klassisch mag, für den gibt es sie auch gemustert, in vielen Farben und den unterschiedlichsten Materialien: Samt, Satin, Pailletten, sogar aus gefilzter Wolle habe ich schon hübsche Ballerinas gesehen.

Der Schnitt: Wie ihre Vorbilder, die Ballettschuhe, sind Ballerinas vorne rund. Die Schleife ist nicht immer nur Dekoration; bei manchen Herstellern macht sie es möglich, die Schuhe etwas enger zu schnüren. Für alle, die es nicht ganz so zeitlos mögen, gibt es Ballerinas auch mit zulaufender Spitze und kleinem Absatz – damit läuft es sich übrigens leichter und meistens graziöser.

Das Darinnen: Ballerinas bitte niemals mit sichtbaren Füßlingen oder gar Söckchen tragen. Selbst Seidenstrümpfe sind grenzwertig, außer sie sind wirklich hauchdünn und quasi unsichtbar. Am schönsten wirken Ballerinas auf nackter Haut. Den Zehenansatz sollte man allerdings nicht sehen, und sie dürfen auch nicht zu eng sitzen, damit nichts am Rand hervorquillt. Sonst ist der grazile Eindruck schnell perdu. Ballerinas deshalb am besten nachmittags oder von vornherein eine halbe Nummer größer kaufen.

WIE WIRD'S GESTYLT?

Tragen Sie Ihre Ballerinas …
 klassisch: zum Kleinen Schwarzen mit Perlen oder einer auffälligen Kette und klassischer Handtasche. Oder auch zu schmalen Caprihosen und tailliertem Blazer. Ein luftiges Sommerkleid oder ein weit schwingender Rock gehen natürlich auch! Sonnenhut? Ja, bitte!
 lässig: zur gekrempelten Jeans (ich persönlich mag Skinny Jeans beziehungsweise Röhrenjeans dazu am liebsten), mit Hemdbluse und Crossbody Bag (also einer schräg über den Körper getragenen Umhängetasche) oder im Sommer mit Basttasche. Sonnenbrille und ein buntes Halstuch nicht vergessen!
 extravagant: zur schimmernden schmalen Abendhose oder einem Tüllrock. Perfekt dazu: ein schlichtes Seidenshirt und eine auffällige Clutch. Zu diesem Look passen auch aufwendig mit Pailletten oder Strass dekorierte Ballerinas.

WO KRIEGT MAN'S?

Repetto: Ballerinas aus dem Hause Repetto sind die Klassiker schlechthin. Im Jahr 1947 in Paris von Rose Repetto als kleines Atelier gegründet ist die Marke bis heute Marktführer für Ballett- und Spitzenschuhe. 1956 entwarf Madame Repetto die Ballerinas, die Brigitte Bardot im Film *Und immer lockt das Weib* trug. Sowohl BB als auch Repetto wurden mit dem Film weltbekannt.
→ *repetto.com*

Pretty Ballerinas: Die Marke Pretty Ballerinas gehört zum spanischen Traditionsunternehmen Mascaró (gegründet 1918). Die ›hübschen Ballerinas‹ bezaubern durch ihre bunte Fröhlichkeit und vielfältiges Design von klassisch-elegant über verspielt bis zu glamourös. Typisch: die zu einer kleinen Schleife gebundene Kordel am Zehenausschnitt.
→ *prettyballerinas.com*

Unützer: Das Unternehmen Unützer wurde 1948 in München gegründet, zunächst als Geschäft für hochwertige Damenmode in der noblen Maximilianstraße. Erst 1989, mit dem eher zufälligen Kauf einer Schuhfabrik in Italien, spezialisierte man sich auf Schuhe – vor allem auf elegante bis extravagante Ballerinas. Sie sind bis heute das Aushängeschild von Unützer.
→ *unuetzer.de*

Kennel & Schmenger: Die Schuhmarke Kennel & Schmenger aus Pirmasens fertigt seit 1918 hochwertige Damenschuhe – unter anderem auch Ballerinas. Das Design reicht von klassisch bis extravagant: Schlichte schwarze Ballerinas findet man bei Kennel & Schmenger ebenso wie solche mit Applikationen, neonfarbenen Kappen und Leo-Dessin.
→ *kennel-schmenger.com*

Nine to Five: Das Eco-Label aus Hamburg existiert seit 2012 und führt auch klassische Ballerinas – zu moderaten Preisen. Hergestellt werden die Schuhe aus bio-zertifiziertem Leder oder veganen Materialien. Gefertigt wird in Portugal.
→ *ninetofive.biz*

Für mehr Savoir Vivre: In Ballerinas tänzelt es sich leichtfüßig durch den Alltag!

PORTRÄT

Dagmar da Silveira Macêdo ist Online-Redakteurin und träumt von einem Schuhschrank voller Manolos.

Trends sind für sie nicht wichtig. Gute Qualität, Passform und Verarbeitung hingegen schon. Dagmar mag Mode, die auffällt, und trägt ihre Looks nach Lust und Laune.

Porträt — Dagmar da Silveira Macêdo

> *Meine Kleider spiegeln meine Persönlichkeit und meine Stimmung wider.*

Ausgerechnet in Bielefeld sei sie hängen geblieben, erzählt Dagmar da Silveira Macêdo lachend, als wir uns für das Interview bei ihr zu Hause treffen, und ich verliebe mich sofort in ihre Zahnlücke, die bei jedem Lächeln, jedem Lachen schelmisch aufblitzt. Es ist ein lichtes, fröhliches Haus irgendwo am grünen Rand dieser Stadt, die es vermeintlich ja gar nicht gibt. In Toronto, London und im pakistanischen Karatschi habe sie gelebt, erzählt Dagmar, weil die Familie beruflich bedingt oft umzog. Und auch hier in Deutschland wohnte sie manchmal jedes Jahr woanders. Berlin. Dortmund. Frankfurt am Main. Bremen. Ein Nomadenleben, das sie aber vor einigen Jahren der Liebe wegen gegen das Häuschen am Bielefelder Stadtrand eingetauscht hat. Hier lebt sie nun mit ihrem Mann, den zwei erwachsenen Töchtern und Kater Kalle. Ob sie ihr früheres Leben manchmal vermisse, will ich wissen. Dagmar blickt in die Ferne, während sie nachdenkt. Viel habe sie gesehen und viel erlebt, etwa das quirlige und chaotische Berlin gleich nach der Wende. »Es waren sehr besondere, spannende Zeiten damals. Die lassen sich nicht wiederholen. Ich mag mein Leben, wie es jetzt ist.« Lacht und streichelt den Kater.

Dagmar ist Diplom-Medienberaterin, arbeitet als Redakteurin an der Universität Bielefeld und hat außerdem zwei Bücher geschrieben. In einem davon – *How to survive als Frau ab 40* – geht es in einem Kapitel auch um das Thema Mode. »Da habe ich mich erstmals intensiv mit der Frage beschäftigt, ob es einen speziellen Dresscode für Frauen ab der Lebensmitte gibt.« Schon sind wir mitten im Thema. Ob sie sich heute anders kleide als in jüngeren Jahren, frage ich. »Meine Kleidung war immer schon bunt und eher auffallend. Da hat sich mit dem Älterwerden nicht viel geändert.«

Immer schon waren es kräftige Farben, prägnante Schnitte, griffige Stoffe, die sie faszinierten. Und Streifen natürlich, die als Shirts in Rot, Beige oder Dunkelblau auf

---

DAGMAR

Lieblingsmarke
Boden

Stil-Ikone
Sophie Haas

Lieblingsstil
Kräftige Farben in Kombination mit Schwarz oder Weiß

Lieblingsteil im Kleiderschrank
Ein navy-weißes Tweedkleid

Mantra
»Pflücke den Tag!«

Seite 158 Schon immer mochte Dagmar es eher auffällig. Das Älterwerden hat daran nichts geändert.

Rechts »Ich bin nicht eine modische Persönlichkeit. Ich bin viele!«

Die beste Zeit für guten Stil

Porträt Dagmar da Silveira Macêdo

FÜNF KEY PIECES, DIE JEDE FRAU IM SCHRANK HABEN SOLLTE

Oben Für Dagmar ist Stil keine Frage des Geldbeutels. Ausnahme: Schuhe von Manolo Blahnik.

Eine dunkelblaue Stoffhose oder Jeans, die, je nach Oberteil, chic oder cool wirkt.

Ein klassisches weißes T-Shirt. Das geht einfach immer.

Ein knielanger Rock, je nach Figur in A-Linie oder in Bleistiftform. Ein gut geschnittener Rock schmeichelt jeder Figur.

Ein Streifenshirt (oder gleich mehrere), weil man sie sowohl lässig als auch edel kombinieren kann.

Rote Ballerinas. Die sind bequem und immer ein Blickfang.

For Women. Not Girls.

Weiß (oder auch andersherum) eine ganze Schublade füllen. »Trends sind mir nicht wichtig, dazu ist meine Kleidung viel zu sehr Ausdruck meiner Persönlichkeit. Und meiner Stimmung!« Auf eine einzige Stilrichtung lässt sich ihr Kleiderschrank deshalb nicht reduzieren. Da hängen zwei oder drei sehr klassische Blazer neben englischem Retro- und Vintage-Chic, Boho-Schlaghosen und ihren geliebten bunten Röcken, die sie je nach Lust und Tageslaune trägt und kombiniert. Was komplett fehlt: Blümchenromantik, verschnörkelte Muster sowie Pastellfarben, das kann Dagmar nämlich nicht leiden – an sich persönlich! Mode hat für sie daher auch viel mit Toleranz zu tun: »An anderen Frauen kann dieser Mix toll aussehen – nur zu mir passt er eben nicht.« Dabei mag sie es durchaus bunt und auffällig, aber für Dagmar reicht ein Hingucker. Zu einem bunten Rock würde sie für Oberteil, Strumpfhose und Schuhe eher Schwarz wählen.

Von der Modebranche wünscht sich Dagmar mehr schöne, gut verarbeitete und gut sitzende Kleidung auch in größeren Größen. Davon gibt es viel zu wenig. »Schrecklich, dass Kleidung heute so billig produziert wird und so schnelllebig ist. Ich bin da anders: Ich hänge an meinen Lieblingsstücken und behandle sie sehr pfleglich.« Wenn etwas reißt oder ein Loch hat, greift Dagmar deshalb selbst zu Nadel und Faden oder setzt sich an ihre Nähmaschine. Viele ihrer Kleidungsstücke besitzt Dagmar deshalb schon seit sehr vielen Jahren. »Ich mag Ererbtes, Geschenktes, überhaupt Kleidung mit Erinnerungen und Geschichte.« Auch einige günstige Second-Hand-Teile hat Dagmar im Schrank. Stil sei keine Frage des Budgets, findet sie. Auch mit kleinem Geldbeutel könne man gut gekleidet sein. Gerade dann seien hochwertige und gut kombinierbare Basics wichtig. In Stilfragen sei weniger oft mehr.

Bei einer Sache würde sie aber eine Ausnahme machen: bei Manolo Blahniks. Die liebt sie seit *Sex and the City* und hätte gerne – wie Carrie Bradshaw – ein ganzes Zimmer davon. Oder zumindest einen Schrank. Einen Schuhschrank. »Wenn ich denn auf den Absätzen noch laufen könnte!«, schmunzelt sie. »Leider müssen Schuhe seit einigen Jahren nicht mehr nur schön, sondern schön und bequem sein!« Ach, die Jahre! Davon abgesehen ist Dagmar in puncto Mode und Älterwerden aber sehr entspannt. »Viele Frauen denken bei der Auswahl ihrer Kleidung zunächst an ihr Alter und erst dann daran, was ihnen gefällt. Ich würde mir ein bisschen mehr Mut wünschen – zu dem Stil, den sie wirklich tragen wollen!«

> *Ich bin viele Stile.*
> *Nicht nur einer.*

STYLEGUIDE

Das Barett

Hatten wir nicht alle irgendwann einmal einen Lehrer, der eine Art Flunder auf dem Kopf trug? Meistens waren keine Haare darunter, dafür viel Wissen rund um Altgriechisch, mittelalterliche Geschichte oder auch Quantenphysik. Hätte man mir damals, vor rund 40 Jahren, angesichts meines pummeligen Lateinlehrers, der zur Baskenmütze ein kleinkariertes Hemd und Knickerbocker trug, prophezeit, dass diese Kopfbedeckung heute zu meinen liebsten Accessoires gehört – ich hätte ihm einen Vogel gezeigt.

Wobei: Wir müssen da scharf trennen. Die Flunder von damals war eine Baskenmütze (der angeblich Napoleon ihren Namen gab). Die Kopfbedeckung von heute versetzt uns in Gedanken nach Paris, in ein zauberhaftes Straßencafé an der Seine oder die Gässchen des Montmartre. Hier spricht man von einem Barett – wohl um näher an der französischen Bezeichnung *béret* zu sein und bereits mit dem Klang des Wortes den ›French Chic‹ zu inhalieren. Denn dass das Barett ein französisches Nationalsymbol à la Tour Eiffel und Baguette ist, das ist seit einer populären Kräuterfrischkäsesorte unbestritten. Fernsehwerbung kann nicht irren.

Entworfen wurde das Barett bereits im Mittelalter, damals in erster Linie als Symbol von Stand oder Klerus. In der Neuzeit wurde die Kopfbedeckung dann auch vom Militär getragen – oder als Zeichen von Widerstand und Freiheitskampf, etwa von Mitgliedern der Résistance im Zweiten Weltkrieg oder von Che Guevara in Kuba. Bis in die 1930er-Jahre war das Barett Männern vorbehalten. Erst mit Marlene Dietrich wurde es auch weiblich.

Wer nun in letzten Jahren das Barett zu *dem* Trend-Accessoire machte, das sich Myriaden von Influencerinnen aufs Haupt setzen und damit Instagram bevölkern, ist unklar: Chanel und Dior werden ebenso genannt wie Gucci. Sicher ist: Der Klassiker der Kopfbedeckungen von einst hat sich verändert. Bestand das Barett früher aus Wollfilz, erhält man es heute in allen möglichen Varianten: Leder, Cord, Bast, mit Pailletten verziert, bestickt, und das in allen erdenklichen Farbvarianten. Nichts ist unmöglich und jedes Material erlaubt, das sich tellerförmig fertigen und ein wenig keck drapieren lässt.

WAS GIBT'S ZU BEACHTEN?

Das Material: Das klassische Barett ist aus Wollfilz. Der hat den Vorteil, dass er wasser- und schmutzabweisend ist und wärmt. Außerdem kann man ein Wollbarett unbeschadet in die Mantel- oder Handtasche knüllen. Cord, Leder, Samt und Tweed sehen ebenfalls toll aus, sind aber etwas empfindlicher. Das Traditionshaus Maison Laulhère bietet Baretts auch aus Baumwolle oder Stroh sowie mit Applikationen und Perlenstickereien an.

Die Form: Baretts und Baskenmützen sind mit einem Durchmesser von 27 Zentimetern etwa tellergroß. Sie haben weder Schirm noch Rand, dafür aber einen kleinen typischen Stummel in der Mitte.

Die Frisur: Angeblich sehen Baretts nur bei langen Haaren oder einem Bob gut aus. Stimmt nicht. Auch kurzhaarig können Sie ein Barett tragen – warum nicht? Besonderen Charme entwickelt es zu kurzem Haar, wenn ein paar Haarsträhnen darunter hervorblitzen. Ausprobieren!

WIE WIRD'S GESTYLT?

Tragen Sie Ihr Barett …
  klassisch: in Rot, Schwarz oder Beige zum Wollmantel. Am besten mit farblich passenden Handschuhen und einem Schal in Kontrastfarbe. Rote Lippen nicht vergessen!
  lässig: Baretts aus Cord, Leder oder Stroh sehen toll aus zur Jeans oder auch zu einem weit schwingenden Rock. Dazu Sneakers oder Boots.
  extravagant: aus Lackleder oder mit Paillettenstickereien zum schwarzen Existenzialisten-Look aus schmaler Hose und schlichtem Pullover. Dazu Boots oder schwarze Slipper. Der perfekte Auftritt beim Besuch einer Ausstellung oder Vernissage!

WO KRIEGT MAN'S?

Laulhère: Maison Laulhère ist das Traditionshaus für Baskenmützen und Baretts. Seit 1840 werden am Fuße der Pyrenäen ausschließlich diese flachen Mützen gefertigt: von klassisch über romantisch bis extravagant. Geliefert werden sie in zauberhaften runden Boxen. Laulhère gehört zu den wenigen Produzenten, die Baretts nicht in einer Einheitsgröße, sondern von klein bis groß anbieten.
→ *laulhere-france.com*

Seeberger: Die Hutmanufaktur Seeberger aus dem Allgäu wurde 1890 gegründet. Zunächst fertigte man Strohhüte für die Landwirtschaft, später auch Herrenhüte. Seit den 1930er-Jahren stellt das Familienunternehmen Damenhüte und -mützen her, darunter auch Baskenmützen und Baretts, die die klassische Form mit ungewöhnlichen Materialien und Mustern interpretieren.
→ *seeberger-hats.com*

Loevenich: Im Jahre 1960 begann das Familienunternehmen Loevenich, Kopfbedeckungen aller Art zu entwerfen und zu fertigen. Die klassischen Baretts aus reinem Wollfilz werden in unzähligen Farben angeboten.
→ *loevenich-fashion.de*

Diefenthal: Seit 1905 fertigt das Hutmacherinnenunternehmen aus Köln in mittlerweile vierter Generation Hüte und Mützen für Damen und Herren. Auch klassische Baretts aus Wollfilz sind darunter.
→ *diefenthal1905.de*

Mühlbauer: Die Traditionsfirma aus Wien fertigt seit 1903 Hüte und Mützen. In der vierten Generation werden neben klassischen Baretts auch originelle und extravagante Modelle angeboten, in unterschiedlichen Größen, Materialien und Farben.
→ *muehlbauer.at*

Ein bisschen Paris geht immer: Mit einem Barett sind wir tout de suite an der Seine ...

*Hört nicht auf
eure Freundinnen – tragt,
wozu ihr Lust habt!*

Carola Niemann

Empfehlungen

— LASSEN SIE SICH INSPIRIEREN —

ANNETTE HÖLDRICH
Stil: klassisch, zeitlos, feminin
Annette inspiriert mit repräsentativer Businessmode, schicken Outfits für den Alltag und eleganten Looks für besondere Gelegenheiten. Der Name »Lady of Style« ist hier Programm.
→ *@theladyofstyle*
→ *ladyofstyle.com*

ALISON WALSH
Stil: casual und ein bisschen edgy
Für Alison geht es bei Mode nicht ums Alter, sondern um Stil – zumindest für all die Frauen, die keine Lust darauf haben, mit dem Alter unsichtbar zu werden. Sie inspiriert Frauen mit einer Fülle an Themen rund um Schönheit, Mode und Gesundheit.
→ *@thatsnotmyage*
→ *thatsnotmyage.com*

BÄRBEL RIBBECK
Stil: eklektisch und anlassbezogen
50plus bedeutet beige Kleidung, Handarbeiten und Enkelbetreuung? Von wegen! Bärbel ist eine jener selbstbewussten und stylishen Frauen Ü50, die vorleben: Älter werden heißt vor allem das Leben zu genießen!
→ *@uefuffzich*
→ *uefuffzich.de*

BARBARA WESTPHALEN
Stil: sportlich-elegant
Die Modedesignerin aus Berlin schwelgt auf Instagram gemeinsam mit uns in Trends, Farben und Stylings. Sie will inspirieren, aber zugleich von anderen inspiriert werden. Ihr Look? Sportlich schlicht, aber dennoch besonders.
→ *@stylishinberlin*

BETH DJALALI
Stil: klassischer Chic
Wer gut aussieht und gekleidet ist, fühlt sich auch gut! Davon ist Beth überzeugt und zeigt anderen Frauen, wie das ohne teure Marken gelingt: mit einer vielseitigen Garderobe aus Key Pieces, die man immer wieder neu und anders tragen kann.
→ *@styleatacertainage*
→ *styleatacertainage.com*

BIBI HORST
Stil: modern, feminin und losgelöst von Trends
Für Bibi sind Schönheit und Stil eine Frage von Authentizität, Kreativität, Leidenschaft und Mut. Danach lebt sie und vermittelt auf ihrem Blog Lebensfreude und Lust auf das wundervolle Alter über 50.
→ *schokoladenjahre.com*

CATHERINE SUMMERS
Stil: ungewöhnlich und dennoch tragbar
Rote Haare und Sommersprossen: Das sind Catherines Markenzeichnen. Auf ihrem Blog ermuntert sie Frauen zu einem eigenen Stil, der nichts mit Alter, sondern höchstens mit dem Anlass zu tun hat. Ihre Bilderwelten machen einfach Spaß!
→ *@notlamb*
→ *notdressedaslamb.com*

CHRISSIE REHN
Stil: mal verrückt, mal ladylike
Jede Menge Lust auf Neues und vor allem Spaß an der Mode in all ihren Facetten – das ist Chrissie. Sie macht Frauen, egal in welchem Alter, Mut, ihren ganz eigenen Look mit Attitude und Selbstbewusstsein zu tragen.
→ *@dieedelfabrik*
→ *edelfabrik.de*

CLAUDIA BRAUNSTEIN
Stil: lässig-elegant. Und gerne beige!
Die Mutmacherin unter den Influencerinnen! Nach einer schweren Krankheit hat sich Claudia komplett neu erfunden und macht in ihrem Blog und auf Instagram Lust auf Reisen, gutes Essen und das schöne Leben überhaupt!
→ *@claudiaontour_com*
→ *claudiaontour.com*

CLAUDIA STEINLEIN
Stil: Casual Chic
Claudia experimentiert gerne und liebt es, sich modisch auszuprobieren. Auf ihrem Blog und Instagram-Account inspiriert sie Frauen nicht nur mit tollen Looks und Outfits, sondern auch mit anderen spannenden Themen.
→ *@glamupyourlifestyle*
→ *glamupyourlifestyle.com*

Oben Bei Annette Höldrich finden sich klassisch-elegante, zeitlose Looks für jeden Anlass.

Oben Spaß an der Mode, ohne ständig zu shoppen: Conny Doll kombiniert ihre Looks gerne neu.

CONNY DOLL
Stil: lässig und ein bisschen verrückt
Conny vermittelt Freude an der Mode, ohne dass man ständig neue Klamotten kaufen muss. Bei ihr geht es ums Ausprobieren, neu Kombinieren, Spaß haben und um ihre ganz persönliche Sicht aufs Leben.
→ *@connydolllifestyle*
→ *conny-doll-lifestyle.de*

CORINNA BERNAU
Stil: offen für Neues
Corinna liebt Stilbrüche. Elegante Looks findet man bei ihr ebenso wie lässigen Streetstyle. Sie macht Frauen Mut, sich modisch mehr zu trauen, und zeigt, wie man Trends in Alltagslooks einbauen kann.
→ *@co_ri_nn*
→ *corinnspiration.de*

DIANA WEIDINGER
Stil: puristisch und sportlich-elegant
In ihrem Blog und auf Instagram lässt Diana andere Frauen an ihrem Leben und ihren persönlichen Erfahrungen rund um Mode und Beauty teilhaben. Sie zeigt ihren persönlichen Stil und nimmt uns mit auf ihre Reisen.
→ *@stilwalk*
→ *stilwalk.com*

ELA TRAUTNER-LACHER
Stil: bunt und besonders
Ela mag es ein bisschen schräg. Geht nicht, gibt es bei ihr nicht. Sie spielt mit Farben und Kleiderstücken, greift zur Schere, kombiniert neu und zeigt uns, was modisch mit ein bisschen Kreativität und Mut neu entstehen kann.
→ *@stilblock*
→ *stilblock.com*

GABRIELE THIEL-HEBBORN
Stil: elegant mit einem Spritzer Vintage-Extravaganz
Für Gabriele sind Präsenz und Persönlichkeit das Tüpfelchen auf dem i der Schönheit. Es geht mehr um das Wie als um das Was – und genau dazu möchte sie ermutigen.
→ *@gabriele__immerschoen*
→ *gabriele-immerschoen.de*

GRISELDIS BACH
Stil: smart-casual und classy
Griseldis öffnet täglich ihren Kleiderschrank für uns und kombiniert dabei Mode von der Stange stimmig und alltagstauglich mit Designerstücken. Ihr Motto: »Stil altert nicht, Stil reift.«
→ *@ich_bins_griseldis*

IRIT ESER
Stil: minimalistisch – außer bei Schuhen und (Mode-)Schmuck
Irit inspiriert mit ihrem Blog zu einem rundum schöneren Leben. Schwerpunkt ist Beauty für Frauen ab 40. Es geht aber auch um Essen, Wohnen, Meinung und Lebensstil.
→ *iriteser.de*

JOANNA GOETZ
Stil: femininer Chic und sehr classy!
Joanna von Liebesbotschaft ist pure Inspiration. Blog und Instagram machen Lust auf Mode, Beauty, gutes Essen. Und auf ein selbstbestimmtes Leben! Ihre Botschaft: Liebe ist die Antwort. Ganz egal, was die Frage ist.
→ *@liebesbotschaft*
→ *liebes-botschaft.com*

JUDITH BOYD
Stil: zwischen Grande Dame und Exzentrik
Eine Frau wie ein Kunstwerk! Judith inszeniert ihre Looks wie auf der großen Bühne. Alltagstauglich ist sicher anders, aber inspirierend ist sie allemal. Markenzeichen: ausgefallene Kopfbedeckungen!
→ *@stylecrone*
→ *stylecrone.com*

KATHARINA HILGER
Stil: nach Tagesform und Laune
Es gibt nicht nur nachhaltige oder herkömmliche Mode, sondern viele Möglichkeiten dazwischen. Katharina zeigt uns coole Alternativen abseits ausgetretener Wege und dass es okay ist, seinen eigenen modischen Weg zu gehen.
→ *@hilgerlicious_blog*
→ *katrinhilger.com*

LEONIE BECHTOLDT & KATRIN BECHTOLDT
Stil: von Alltag bis extravagant
Ob Fashion oder Food, Mode oder Kulinarik: Die zwei Schwägerinnen mixen, matchen und zelebrieren ihren Alltag und ihr Leben – bunt, extravagant, manchmal gewagt. Und immer mit einem Lächeln auf den Lippen!
→ *@fourhangauf*
→ *fourhangauf.de*

<small>Empfehlungen   Lassen Sie sich inspirieren</small>

Oben Claudia Steinlein mag es, zu experimentieren und sich modisch auszuprobieren.

LYN SLATER
Stil: elegant mit einer guten Prise Avantgarde
Lyn wurde erst im Alter von 61 zur Modebloggerin. Denn eigentlich ist die New Yorkerin Professorin und wurde »ganz zufällig« zur Ikone einer ganzen Generation. Mit ihrem elegant-expressiven Stil beweist sie: Alter ist nur eine Zahl.
→ *@iconaccidental*
→ *accidentalicon.com*

MARTINA BERG
Stil: elegant bis extravagant
Auf ihrem Blog und auf Instagram gibt Imageberaterin Martina Frauen ab 50 Inspiration und konkrete Tipps rund um Mode und Schönheit, sei es für Beruf, besondere Anlässe oder privat. Motto: Gutes Aussehen kann ganz einfach sein!
→ *@lady_50plus*
→ *lady50plus.de*

MARTINA B
Stil: klassisch-feminin mit einem Spritzer Extravaganz
Mode, Stil und Ausstrahlung haben nichts mit Alter und Konfektionsgröße zu tun, das zeigt uns Martina auf Instagram. Sie macht Frauen Mut, sich in Sachen Mode auszuprobieren – mit Ü50 und in größeren Größen.
→ *@senseandsoul*

MARTINA KLEIN
Stil: spielerischer Mix aus Klassikern und Trends
Still Sparkling – der Name ist Programm. Denn in ihrem Blog schreibt Martina nicht nur über Mode, sondern auch über andere Themen, die das Leben Ü50 noch ein wenig schöner, interessanter und prickelnder machen.
→ *@stillsparkling_50plus*
→ *stillsparkling.de*

MEL BUML
Stil: ständig in Bewegung
Individuell, unkompliziert und mit einem spannenden Twist – das ist Mel nicht nur bei ihrem Modestil wichtig, sondern auch beim Kochen. Auf ihrem Food-Blog inspiriert sie Menschen »jeden Alters« zu mehr Spaß an frischer, einfacher und leckerer Küche!
→ *@foxyfood.de*
→ *foxyfood.de*

MICHAELA AMANN
Stil: lässig – mit einem Hang zu Hermès-Taschen
Michaela bloggt über ein ganzes Potpourri an Themen, die Frauen interessieren: Mode, Reisen, Rezepte, Psychologie, Kosmetik sowie Tipps und Tricks zu allen Lebenslagen. Besonderes Steckenpferd: Handtaschen!
→ *@wiggerlsworld*
→ *wiggerlsworld.wordpress.com*

MIRJAM SMEND
Stil: clean und entspannt
Mirjam schreibt über Slow Fashion und teilt in ihrem Blogazine ihre Begeisterung für verantwortungsvollen Lifestyle mit allen, die etwas verändern wollen. Weil eco das neue Normal ist.
→ *@mygreenstylecom*
→ *my-greenstyle.com*

NETTI WEBER
Stil: stylish!
Die ehemalige InStyle-Chefredakteurin zeigt uns: So stylish kann man auch mit über 50 noch unterwegs sein! Eine der coolsten Ladys auf Instagram überhaupt!
→ *@nettiweber*
→ *glam-o-meter.com*

NICOLE RÖWEKAMP
Stil: klassisch-feminin
Spaß, Neugier und Mode sind keine Frage des Alters, sondern der Persönlichkeit! Mit ihrem Themen-Mix ermuntert Nicole deshalb Frauen über 50 zu mehr Lebensfreude. Mode trägt sie nach Lust und Laune – und immer ohne Pumps ;-)
→ *@lifewithaglow*
→ *lifewithaglow.de*

PETRA DIENERS
Stil: klassisch mit Twist
Mode wird dann interessant, wenn man damit überrascht, findet Petra. Deshalb peppt sie ihren klassisch zeitlosen Look mit modischen Accessoires und Farben auf. Auch gemusterte Strümpfe, eine knallige Tasche oder eine Brosche dürfen sein.
→ *@lieblingsstil*
→ *lieblingsstil.com*

PETRA KLEINSCHMIDT
Stil: prägnant und farbenfroh

Bei Petra gibt es eine bunte Mischung Leben! Und sie zeigt: Auch in größeren Größen und mit günstigeren Labels kann man Spaß und Freude an Mode haben. Markenzeichen: ihre silbergraue Haartolle.
→ *@diepetra_*

REGINA RETTENBACHER
Stil: schnörkellos und klassisch-elegant

Reginas Botschaft: Macht es euch hübsch und genießt euer Leben! Sie teilt schöne Momente und Inspirationen mit uns: von ihren Reisen, aus ihrer Küche, aus ihrem Kleiderschrank oder aus Haus und Garten.
→ *@ina.stil*
→ *inastil.com*

RIA SCHATZSCHNEIDER
Stil: kunterbunt und lieber ein bisschen zu viel als zu wenig

Ria tanzt durch das Leben und inspiriert mit ihrer Suche nach dem (auch modischen) Glück. Ihr Instagram-Account macht einfach gute Laune! Lebensmotto: Forever young!
→ *@ria_happy_konfetti*

RICARDA NIESWANDT
Stil: minimalistisch und casual

Vom souveränen Leben, Reisen und Genießen bis hin zum souveränen Älterwerden – Ricarda teilt auf sou.veraen ihre eigenen Erfahrungen, lässt andere zu Wort kommen und hat einen Ort im Netz geschaffen, an dem sich souveräne Frauen wohlfühlen und Impulse finden.
→ *@sou_veraen*
→ *sou-veraen.de*

SABINA BRAUNER
Stil: lässige Extravaganz

Stil bedeutet für Sabina: Mut, zu sich selbst zu stehen und Selbstbewusstsein auszustrahlen. Sie schreibt auf ihrem Blog für weltoffene Frauen über Mode und mehr. Mit ihrem effortless chic hinterlässt sie Eindruck, ohne schrill zu erscheinen.
→ *@oceanbluestyle_at_manderley*
→ *oceanblue-style.com*

SIGRID KLEDE
Stil: unaufgeregt und zeitlos

Reisen, Lifestyle, Mode und »Mind and Soul« – darüber plaudert Sigrid täglich mit ihren Followerinnen und Leserinnen. Das Sammeln, Genießen und Entdecken von Orten, Momenten und Trends sind ihre persönliche Inspirationsquelle, die sie gerne mit anderen teilt.
→ *@my_lovely_cosmos*
→ *my-lovely-cosmos.de*

SIMONE JACOB
Stil: lässig, praktisch, klassisch, liebt Stilbrüche

Regisseurin, Weltreisende, Mutter, Bildhauerin, Model – Simone hat sich in ihrem Leben mehrfach neu erfunden. Sie ist »Pro-Age« und schreibt in ihrem Blog über alles, was Frauen über 50 bewegt. Ihre Devise: »Das Alter setzt keine Grenzen.«
→ *@simone_i_jacob*
→ *silverandstyle.com*

STEPHANIE GRUPE
Stil: pur, unkompliziert und hochwertig

Modeflüsterin Stephanie zeigt Frauen über 40, dass Schönheit nichts mit einer Modelfigur oder Faltenfreiheit zu tun hat, sondern mit Stil und Persönlichkeit. Dafür brauchen Frauen nicht viel, aber eben genau das Richtige – sowie den Mut, sich zu zeigen. Denn: Guten Stil kann jede Frau lernen!
→ *@modefluesterin*
→ *modefluesterin.club*

STEPH KOTALLA
Stil: ausgefallen und ganz viel 50er-Jahre

Steph macht vor allem dicken Frauen Mut: sich mehr zu trauen, sich nicht zu verstecken, nicht mehr leise und diskret im Hintergrund zu bleiben. Modisch spielt sie gerne mit Mustern, Materialien und Farben, mag Stilbrüche und liebt den Mix aus neuen Teilen und der Mode der 1950-Jahre.
→ *@misskittenheel*
→ *misskittenheel.com*

STEPHANIE NEUBERT & THORSTEN OSTERBERGER

Heyday Magazine (»heyday«: englisch für »Blütephase«) ist ein cooles Online-Magazin für Frauen, die mitten im Leben stehen. Botschaft: »Altersgemäß war gestern: Lasst Frauen doch endlich machen, was sie wollen – egal in welchem Alter!« Themen: alles, was Frauen interessiert, Spaß macht und inspiriert!
→ *@heyday-magazine*
→ *heyday-magazine.com*

SUSANNE ACKSTALLER
Stil: farbenfroh und ausdrucksstark

Susannes Botschaft: Das Leben ist ein Fest – in jedem Alter. In ihren Beiträgen geht es um Pro-Aging statt Anti-Aging und um Mode für Frauen mit ein paar Kilos und Rundungen mehr.
→ *@textelle*
→ *texterella.de*

SUSANNE »SUSIE« GUNDLACH
Stil: classic with a twist

Mit ihrem Blog will Susie Frauen mit größeren Größen in Modefragen beraten und ihr Selbstbewusstsein stärken. Ihr Credo: Jede Frau ist perfekt! Und: Schönheit lässt sich nicht in Zentimetern und Konfektionsgrößen messen.
→ *@susieknows*
→ *susieknows.eu*

Empfehlungen Lassen Sie sich inspirieren

SUSANNE NIERMANN
Stil: lässig-feminin
Kleidung spricht, sie erzählt den Betrachtenden etwas über die Frau, die sie trägt. Deshalb inspiriert Stilberaterin Susanne Frauen zu einem Stil, der sie nicht verkleidet, sondern zu ihrem Leben und ihrer Persönlichkeit passt.
→ *@women2style*
→ *women2style.de*

SUZI GRANT
Stil: ausgefallen!
Suzi ist Botschafterin für »Sieh gut aus und fühl dich toll – in jedem Alter!«. Die Lebensfreude steht ihr ins Gesicht geschrieben. Der Spaß an Looks und Lifestyle auch.
→ *@alternativeageing*
→ *alternativeageing.net*

TANJA HÖLLGER
Stil: unkomplizierte Eleganz
Auf Instagram gibt's nur hübsche Bildchen? Nicht bei Tanja: Sie schreibt ausführlich und ehrlich für Frauen jeden Alters über Hautpflege, Parfüm, Beauty, Make-up – und über Schuhe. Achtung, hier wird auch vor Fehlkäufen gewarnt!
→ *@Tanja.Hoe*

THE CURVY MAGAZINE
Deutschlands einziges Magazin für kurvige Frauen – jeden Alters! Inspiriert, macht Mut, vermittelt ein positives Lebensgefühl. Das Themenspektrum reicht von Mode und Beauty über Body Positivity und Selbstliebe bis zu Gesellschaftspolitik.
→ *@thecurvymagazine*
→ *thecurvymagazine.com*

TINA KERSTING
Stil: mutig und bunt
Tina trägt Plus Size. Und sie zeigt Frauen, dass Spaß an Mode keine Frage der Figur ist. Mit ihren Outfits und ausgefallenen Accessoires ermutigt sie andere, neue Styles auszuprobieren und sich dabei im eigenen Körper wohlzufühlen.
→ *@tinaspinkfriday*
→ *tinaspinkfriday.blogspot.com*

ULI HEPPEL & SABINE FUCHS
Stil: unkonventionell, lässig, cool!
Zwei Frauen – eine Message: Fuck the Falten richtet sich an Frauen, die auch nach der Halbzeit ihr selbstbestimmtes, wildes Leben leben wollen. Denn fest steht: Gemeinsam macht älter werden einfach mehr Spaß – selbst die Wechseljahre, pubertierende Kinder, graue Haare und das Ende des Perfektseins.
→ *@fuckthefalten*
→ *fuckthefalten.de*

URSEL BRAUN, TANJA BUELTMANN, CERSTIN HENNING
Stil: von ausgefallen und extravagant bis klassisch-elegant
Modeaffin, meinungsstark und mutig ermuntern die styleREBELLES Frauen über 40, 50 und 60 das Beste für ihr Leben einzufordern und der Unsichtbarkeit älterer Frauen mit Stil, Charme und Witz entgegenzutreten. Motto: Träume lassen sich in jedem Lebensalter erfüllen!
→ *@stylerebelles*
→ *stylerebelles.com*

VALÉRIE MÜLLER
Stil: klassisch – mit Überraschungsmoment
Die Lebensmitte ist die richtige Zeit für Pläne, Träume und Lebenslust, fürs authentisch Leben und Echtsein. Valérie inspiriert Frauen mit einer breiten Themenvielfalt: von Gesundheit und Fitness bis zu Beauty und Mode.
→ *@life40up*
→ *life40up.de*

YVONNE AEBERHARD STUTZ
Stil: elegant mit Twist!
Älter zu werden und modisch »funky« sowie jung im Herzen zu bleiben – das ist die Botschaft von Yvonne. Dabei geht es ihr nicht nur um Stil und Mode, sondern auch um das richtige Mindset. Reise-, Schönheits- und Modetipps gibt's obendrauf.
→ *@funkyforty*
→ *funkyforty.com*

DANK

Dieses Buch hat eine Autorin und viele Unterstützerinnen.

Als Erstes meine Familie, die viel Geduld mit mir hatte in den Monaten des Schreibens – allen voran mein Mann, der unseren gemeinsamen Urlaub praktisch alleine verbringen musste, weil ich immer an meinem Laptop saß. Da sind meine Freundinnen und Kolleginnen, die auch nach Monaten nicht genervt waren, wenn es wieder und wieder um das Buch ging. Insbesondere danken möchte ich Annette Bopp, Michaela Pelz, Dagmar da Silveira Macêdo und Kirsten Kücherer, die mir mit ihrer offenen und konstruktiven Textkritik oft weitergeholfen haben. Und schließlich sind da noch Veronika Brandt vom Knesebeck Verlag, die mit viel Geduld und Freundlichkeit das Werden von »Die beste Zeit für guten Stil« begleitet hat, und meine Lektorin Dr. Claudia Caesar, die die Texte mit großer Einfühlsamkeit und Wertschätzung bearbeitet und noch ein klein wenig besser gemacht hat.

Last but not least gilt mein Dank den elf porträtierten Frauen, die sich mit viel Freude und guter Laune Zeit genommen haben für die Texte und die Fotoshootings. Und natürlich Martina Klein, der großartigen Fotografin von »Die beste Zeit für guten Stil«, und Veronika Gruhl, der nicht minder großartigen Illustratorin. Ohne euch beide wäre dieses Buch nicht halb so schön geworden und hätte auch viel weniger Spaß gemacht. Danke schön!

*Mit Dank an das 25hours Hotel Hamburg HafenCity,
in dem das Shooting mit Mel Buml stattfand.*

Bildnachweis
Verwendung der Fotos auf folgenden
Seiten mit freundlicher Genehmigung von:

S. 25: © Katharina Hovman, S. 35: © MANOMAMA,
S. 45: © ANNEMARIE BÖRLIND, S. 49: © Veja,
S. 59: © IrelandsEye, S. 63: © hessnatur, S. 72: © Rodenstock,
S. 76, S. 87, S. 153: © Peter Hahn, S. 91: © Nudie Jeans,
S. 101: © AIGNER, S. 105: Tabitha Simmons, Foto © Martina Klein,
S. 115: © Lanius, S. 124–125: © Dr. Hauschka,
S. 129: © Friendly Hunting, S. 139: © Lace & Beads,
S. 143: © Lovjoi, S. 157: © Unützer, S. 166: © Laulhère,
S. 170: © Annette Höldrich, S. 171: © Conny Doll,
S. 172: © Claudia Steinlein.

Umschlagklappe hinten:
Porträts Ackstaller und Klein: © Martina Klein,
Porträt Gruhl: © Marian Wilhelm.

Impressum
2. Auflage 2021
Deutsche Originalausgabe
Copyright © 2021 von dem Knesebeck GmbH & Co. Verlag KG, München
Ein Unternehmen der Média-Participations

Texte von Susanne Ackstaller
Fotografien von Martina Klein, Ausnahmen siehe Bildnachweis
Illustrationen von Veronika Gruhl
Veronika Gruhl wird vertreten durch Agentur Brauer.

Projektleitung: Veronika Brandt, Knesebeck Verlag
Lektorat: Dr. Claudia Caesar, Bad Vilbel
Layout, Satz und Umschlaggestaltung: Yannick Wolff, München
Herstellung: Arnold & Domnick, Leipzig
Druck: Graspo CZ, as.
Printed in Czech Republic

ISBN 978-3-95728-444-0

Alle Rechte vorbehalten, auch auszugsweise.

www.knesebeck-verlag.de